LOW CARB GOOD FAT

Rezepte

FÜR DIE

ANABOLE DIÄT

Superschlank & kerngesund durch ketogene Ernährung mit den richtigen Fettsäuren

Klaus Arndt

novagenics

CIP-Titelaufnahme der deutschen Bibliothek:

Klaus Arndt
Low Carb Rezepte für die Anabole Diät – Superschlank & kerngesund durch ketogene Ernährung mit den richtigen Fettsäuren

3. Auflage Novagenics Verlag 2005

Ein wichtiger Hinweis zu diesem Buch

Das vorliegende Werk beschreibt die gesundheitlichen Vorteile einer kohlenhydratarmen (ketogenen) Ernährung, die auf industriell gehärtete sowie linolsäurereiche pflanzliche Fette verzichtet. Dafür werden auch Kochrezepte prasentiert. Diese Ernährungsform wird allgemein gut vertragen. Die nachfolgend dargelegten Informationen sind von Autor und Verlag eingehend geprüft worden; trotzdem wird mit Nachdruck darauf hingewiesen, daß vor Aufnahme einer ketogenen Ernährung der Rat eines erfahrenen Arztes eingeholt werden sollte. Lassen Sie in den ersten Wochen der Ernährungsumstellung unbedingt Ihre Blutwerte ermitteln, wie unter 2.5 „Gesundheits-Check" erklärt. Sollten Sie zu jener kleinen Gruppe von Menschen zählen, deren Blutfettwerte sich nicht verbessern, so ist Vorsicht geboten. Konsultieren Sie in diesem Fall zunächst einen erfahrenen Arzt, ehe Sie mit der ketogenen Ernährung fortfahren. Autor und Verlag weisen darauf hin, daß sie für etwaige Gesundheitsschäden keine Haftung übernehmen. Die Anwendung des im vorliegenden Buch geschilderten Ernährungsprogramms erfolgt auf eigene Gefahr.

INHALT

Verzeichnis der Abbildungen und Tabellen

*

Vorwort

Wie alle hochkomplexen Wissenschaften unterliegt auch die Ernährungswissenschaft einem permanenten Wandel. Zwar bleiben die meisten biochemischen Abläufe als feste Größe erhalten, doch werden ständig neue Erkenntnisse zum Stoffwechsel und damit letztlich zu den Leistungsfähigkeit und Gesundheit beeinflussenden Faktoren gewonnen. Das hat bereits dazu geführt, daß die Mehrzahl der ernährungswissenschaftlichen Lehr-Dogmen, ebenso wie die daraus abgeleiteten Ernährungsempfehlungen innerhalb einer einzigen Wissenschaftlergeneration grundlegend revidiert werden müssen. Wie in so vielen anderen Bereichen muß auch hier die alte Lehrmeinung einer Neuen weichen, welche die Gesundheit des Menschen auf einem entgegengesetzten Wege sucht.

Das gilt für die gesunderhaltende Normalernährung, im Besonderen aber für die Sporternährung. So erleben wir derzeit einen Übergang von der extrem kohlenhydratbetonten Ernährungsempfehlung zu einer leistungsfördernden, muskelorientierten und auf Körperfettminimierung ausgerichteten Ernährung mit relativ hohem Verzehr von tierischem Eiweiß und tierischen Fetten. Diese Ernährungsform soll uns zu unseren Ursprüngen zurückführen, d.h. zur Ernährung in der Steinzeit. Zu klären bleibt allerdings, ob das, was in der Steinzeit angemessen war, unserer heutigen, eher passiven Lebensweise gerecht wird. Außerdem unterscheiden sich die Lebenserwartungen heute und in der Steinzeit so fundamental, daß die damaligen Ernährungsweisen sicher nur mit Umsicht übertragbar sind. Die neue Ernährungsform wird – ausgehend von der Bezeichnung im Bereich der Sporternährung – als „Anabole Diät“ bezeichnet.

Der Begriff „anabol“ kann auf den ersten Blick irreführen, er bedarf daher der Erläuterung: Die Anabolie ist ein lebenswichtiger Teilaspekt jeder Ernährung und sie hat gerade in der Kindheit, in der Sporternährung und bei Krankheit eine herausragende Bedeutung. Anabolie ist ein Zustand des Proteinstoffwechsels beim Menschen, bei dem vorübergehend mehr Körperprotein auf-, als abgebaut wird. Wenn ein Organismus langfristig seinen Bestand an Körperprotein erhalten will, so muß er in anabolen Phasen das neu aufbauen, was er in katabolen Phasen an Körperprotein verloren hat.

Auf diese Weise wechseln sich Körperproteinabbau und -aufbau ständig ab.

Der Normalbürger ohne sportliche Aktivität durchläuft mindestens dreimal täglich Phasen der Anabolie unmittelbar nach den größeren Mahlzeiten und Phasen der Katabolie in längeren Zeiten ohne Nahrungsaufnahme, insbesondere in der Nacht. Erwachsene Sportler haben bei intensivem Training eine besonders tiefgreifende katabole Phase, weil jede erschöpfende Belastung erst einmal einen erheblichen Verlust an Aminosäuren und daraus folgend auch an Eiweiß bedeutet. Die rasche Zufuhr von Protein und freien Aminosäuren kann diese belastungsbedingte Katabolie verkürzen und unter günstigen Bedingungen den Trainingsreiz zu einer langsamen, anabolen Optimierung der trainierten Muskelstrukturen nutzen.

Dem gegenüber befinden sich Kinder und Jugendliche in der Regel permanent in einem anabolen Zustand, denn sie müssen ja noch Körpersubstanz aufbauen. Kinder, die nicht anabol sind, gelten als krank. Die „Anabolie“ ist also etwas ganz Natürliches und Positives und keineswegs etwas Anrüchiges, was durch laienhafte Verwechslung mit dem verbotenen Gebrauch hormonartiger Arzneistoffe, sogenannter „Anabolika“ zuweilen angenommen wird.

Die Anabolie im ernährungsphysiologisch positiven Sinne wird durch zahlreiche Faktoren gefördert. Unverändert gilt, daß eine ausreichend hohe Zufuhr von Aminosäuren (vorwiegend in Form von Nahrungsprotein) die Grundvoraussetzung für einen anabolen Zustand des Proteinstoffwechsels ist. Wichtig ist auch, daß das zugeführte Aminosäurenangebot aus Proteinen und freien Aminosäuren eine hohe biologische Wertigkeit haben sollte. Entgegen früherer Ansicht sind hier auch einige nichtessentielle Aminosäuren wie Arginin und Glutamin von entscheidender Bedeutung.

Bei der Lehrmeinung zum Proteinbedarf des Menschen ist eine Trendwende zu erkennen: Während der letzten 20 Jahre glaubten manche Wissenschaftler, daß der Mensch ohne körperliche Aktivität mit etwa 0,5 g Protein pro kg Körpergewicht auskommen könne. Moderne Untersuchungsmethoden im Aminosäurenstoffwechsel haben hingegen frühere Erfahrungswerte wissenschaftlich bestätigt, daß ein gesunder Erwachsener ohne körperliche Aktivität langfristig 0,80-0,85 g Protein pro kg Körpergewicht benötigt, um seinen Bestand an funktionellen Körperproteinen zu erhalten. Mit körperlicher Aktivität oder bei Krankheit steigt der Bedarf deutlich an, so daß durchaus 2-3 g pro kg Körpergewicht sinnvoll sein können. Das entspricht der Sporternährung und der Krankenernährung, wie sie lange Zeit erfolgreich praktiziert wurde.

Auch bei der Nährstoffzusammensetzung einer anabolen Kost hat sich in den letzten 20 Jahren in der klinischen Ernährung ein bislang wenig beachteter Wandel ergeben: Während man früher die Kohlenhydrate (insbesondere Glucose und Stärke) in hohen Mengen als Energieträger empfahl, werden heute – je nach den Stoffwechselumständen – bis 50 % und in Sonderfällen sogar 70 % der Gesamtenergie in Form von Fett empfohlen. Eine solch fettreiche Ernährung ermöglicht eine ungehinderte Energiebereitstellung aus der Fettverbrennung und damit paradoxer Weise auch eine leichte Nutzung der körpereigenen Fettdepots, wenn der Energiebedarf die reale Zufuhr übersteigt.

Im Hinblick auf die anabole Wirkung der Energieträger ist inzwischen allgemein anerkannt, daß diese hauptsächlich von der zugeführten Energiemenge abhängt und nicht von der Art des Energieträgers. Das gilt allerdings nur so lange, wie ein Minimum von 50-100 g Kohlenhydraten dem Körper zur Verfügung steht, wobei sogar noch ein Teil aus körpereigener Glucosebildung, entweder aus Aminosäuren oder aus dem Glycerin des Nahrungsfettes, kommen kann.

Eine solche Ernährung bewegt sich unterhalb der Schwelle, bei der eine ausgeprägte ketotische Stoffwechsellage eintritt. Wird eine solche Ernährung längerfristig eingehalten, kann die Glucosezufuhr aber weiter gesenkt werden, weil die unter „physiologischer Ketose“ gebildeten Ketonkörper von normal glucoseabhängigen Zellen (z.B. den Gehirnzellen) nach einer mehrtägigen Anpassungsphase gut als Energiequelle genutzt werden. In dieser Stoffwechselsituation funktioniert das moderne Konzept einer kohlenhydratarmen, anabolen Ernährung.

Bei einer fettreichen Ernährung kommt der Auswahl an gesundheitsfördernden Fettsäuren (Omega-3 Fettsäuren und konjugierter Linolsäure), der Meidung von gesundheitsgefährdenden Fettsäuren (*trans*-Fettsäuren) sowie der Meidung oxidierter Begleitstoffe im Fett (Oxicholesterin) eine besondere Bedeutung zu. Dem Autor ist zu danken, daß er diesen wichtigen Aspekt der „anabolen Diät" ausführlich und verständlich darstellt.

Das vorliegende Buch möge den interessierten Leser, aber auch konventionell ausgebildete Ernährungswissenschaftler und Mediziner zum Nachdenken und zum Selbstversuch veranlassen. Wenn das gelingt, dann hat dieses Werk einen wichtigen Beitrag zur Fortentwicklung der Praxis einer gesunden Ernährung geleistet.

Die überwiegend konservativ ausgerichtete Ernährungswissenschaft befindet sich nun wieder einmal im Dilemma: Folgt sie der Idee der kohlenhydratarmen Anabolen Diät, nachdem sie über Jahrzehnte die kohlenhydratreiche Ernährung dogmatisch vertreten hat, so wird sie an Ansehen verlieren. Als Realist wird man wohl annehmen müssen, daß die etablierten Ernährungswissenschaftler und die von ihnen beeinflußten Organisationen wie die Deutsche Gesellschaft für Ernährung (DGE) dieses Thema erst einmal ignorieren werden. Doch es bleibt zu hoffen, daß fortschrittsoffene Biochemiker und nicht angepaßte Ernährungsmediziner sich der Sache annehmen, um die kohlenhydratarme Ernährung wissenschaftlich weiter zu untermauern.

Friedrich Reuss
Diplomchemiker und Assessor d. L.
Öffentlich bestellter und vereidigter
Sachverständiger für Sportlernahrungen
und allgemeine diätetische Lebensmittel

Einleitung

Im Buch „Die Anabole Diät – ketogene Ernährung für Bodybuilder" (Novagenics Verlag 1997 [1]) wird auf die Rolle der Kohlenhydrate bei der Entstehung von Übergewicht, Herz-Kreislauferkrankungen und Diabetes hingewiesen und eine kohlenhydratarme Ernährung für Bodybuilder empfohlen. Der Verzicht auf Nudeln, Reis und Brot führt nicht nur zu einem deutlichen Verlust von Körperfett, sondern erhält auch bei einer Kalorienreduktion die Muskelmasse besser als herkömmliche, fettarme Diäten. Darüber hinaus sind bemerkenswerte gesundheitliche Vorteile zu erwarten: Ein gesenkter Blutdruck, verbesserte Blutfettwerte sowie ein niedriger Blutzucker und damit weniger Insulin im Blut.

In Deutschland hat die Anabole Diät unter Kraftsportlern heftige Diskussionen ausgelöst, die bis heute andauern. Trotzdem (oder vielleicht gerade deswegen) erfreut sich diese Ernährungsform einer ungebrochenen Popularität. Das Konzept, auf Kohlenhydrate zu verzichten und sich statt dessen von Fett und Protein zu ernähren, steht im krassen Gegensatz zur gängigen Lehrmeinung, die eine fettarme (und damit kohlenhydratreiche) Diät zur Gewichtsabnahme empfiehlt. Dabei hat die Idee hinter der Anabolen Diät prominente Fürsprecher: Dr. Mauro DiPasquale, legendärer kanadischer Sportarzt und Autor, hatte mit „The High Fat Diet", später umbenannt in „The Anabolic Diet" [2], erstmals die Anwendung einer ketogenen Diät im Kraftsport empfohlen. Die bekannte Atkins-Diät [3] erlebt eine Renaissance, Dr. Barry Sears [4] empfiehlt eine kalorien- und kohlenhydratreduzierte Ernährung, um in die „Zone" zu gelangen, und dem Ärztepaar Mary und Dan Eades gelang mit dem Titel „Protein Power" [5] ein Bestseller; auch hier wurde eine kohlenhydratreduzierte Ernährung gegen Übergewicht und Diabetes empfohlen. Eine ganze Reihe von Titeln folgte nach, das Angebot wird zusehends unübersichtlicher. Es bleibt festzuhalten, daß die kohlenhydratarme Ernährung sich vor allem in den USA großer Beliebtheit erfreut.

Alle diese Anregungen kommen aus Amerika; wieder einmal scheint es so, als wäre die neue Welt der Motor des Fortschritts. Doch bei der Arbeit an der „Anabolen Diät" ahnten weder ich, noch mein damaliger Co-Autor, das selbst Dr. Atkins, der doch als Pionier einer Ernährung mit wenig Kohlenhydraten und viel Fett gilt, eine ganze Reihe von Vorläufern hatte. Im deutschen Sprachraum wären da zuvorderst Dr. Wolfgang Lutz und Dr. Johanna Budwig zu nennen. Der Österreicher Wolfgang Lutz hat bereits in den späten 50er Jahren eine kohlenhydratarme Ernährung gegen Zivilisationskrankheiten propagiert. Dr. Lutz hat seither in seiner Praxis Tausende von Patienten mit einer protein- und fettreichen Ernährung erfolgreich gegen Morbus Crohn, eine entzündliche Darmkrankheit, sowie Herzkrankheiten und Diabetes behandelt. Sein Buch „Leben ohne Brot – die wissenschaftlichen Grundlagen der kohlenhydratarmen Ernährung" [6] erschien erstmals 1967 und wird bis heute verlegt.

Dr. Johanna Budwig warnte bereits in den 50er Jahren vor den Gefahren der *trans*-Fettsäuren. Sie ist approbierte Apothekerin, hat in Chemie und Physik promoviert und Medizin studiert. Später geriet Dr. Budwig wiederholt mit ihren Standeskollegen aneinander, weil sie ihre Öl-Eiweißkost erfolgreich zur Behandlung von Krebskranken einsetzte.

Der vor einigen Jahren erschienene Titel „Syndrom X oder Ein Mammut auf den Teller" des deutschen Ernährungsexperten Nicolai Worm enthält eine umfangreich dokumentierte Zusammenstellung der gesundheitlichen Vorteile einer kohlenhydratreduzierten Ernährung.

Doch der Zusammenhang zwischen Kohlenhydraten und Übergewicht ist bereits sehr viel früher erkannt worden. Dr. Lutz berichtet in seinem Buch von Anthelme Brillat Savarin, einem Zeitgenossen der französischen Revolution, der in seinem Buch „Physiologie du gout" das Übergewicht „...hauptursächlich..." auf „...Mehl und Stärke..." zurückführte, „...auf denen die tägliche Ernährung des Menschen beruht." [6]

In Großbritannien veröffentlichte William Banting 1864 eines der ersten Diätbücher, in dem er empfahl, keinen Zucker und keine Stärke zu verzehren [7]. Seine Meinung stand gegen die des medizinischen Establishments; doch wegen ihrer durchschlagenden Wirkung erfreute sich seine Diät großen Zuspruchs. Im amerikanischen Bürgerkrieg beobachtete James Salisbury, wie gut sich Durchfall- und andere Erkrankungen mit einer Fleischdiät heilen ließen. Er machte später die Salisbury-Diät populär. Dabei war die Ernährung daran anzupassen, daß der Mensch zu zwei Dritteln ein Fleischfresser und nur zu einem Drittel ein Pflanzenfresser sei [8]. Der kanadische Entdecker Vilhjalmur Stefansson, Sohn isländischer Einwanderer, führte zwischen 1904 und 1918 einige mehrjährige Arktis-Expeditionen durch [9]. Der seinerzeit sehr berühmte Anthropologe gewöhnte sich an die Ernährung der Eskimos und wollte sie auch nach seiner Rückkehr in die Zivilisation nicht aufgeben. Er schwor auf Fleisch als Ernährungsgrundlage und lehnte selbst den Verzehr von Gemüse ab. Stefansson veröffentlichte mehrere Bücher zu diesem Thema. Doch obwohl er als Entdecker und Abenteurer gefeiert wurde, blieb seinen Ernährungsbüchern die wissenschaftliche Anerkennung versagt.

All diesen Pionieren ist gemein, daß sie zwar eine treue Anhängerschar hinter sich versammeln konnten, doch ihre Theorien zur gesunden Ernährung ließen sich nicht auf breiter Front durchsetzen. Die Argumente ihrer Gegner werden noch von den heutigen Kritikern der ketogenen Ernährung vorgebracht: Der Körper brauche Kohlenhydrate als Energiequelle, sportliche Höchstleistungen seien ohne Kohlenhydrate unmöglich, zuviel Fett sei ungesund, es schädige das Herz-Kreislaufsystem, sowie der Mensch könne ohne frisches Obst und Gemüse nicht leben. Dabei fehlt es nicht an bemerkenswerten Beispielen, welche die Effizienz und die gesundheitliche Unbedenklichkeit einer ketogenen Ernährung mit viel Fleisch und Fett belegen; doch dazu später mehr.

Das vorliegende Buch konzentriert sich im ersten Teil („Gesundheitliche Vorteile der Anabolen Diät“) auf die Grundlagen einer ketogenen Ernährung. Es wird auf die Rolle der Kohlenhydrate bei der Entstehung von Übergewicht und vielen Krankheiten eingegangen. Ein Ausflug in die Ernährungsgeschichte des Menschen macht deutlich, daß die Einführung von Getreide purer Not entsprang, nicht aber dem Wunsch, Brot dem Fleisch vorzuziehen. Getreideprodukte machen zwar satt, doch gesund sind sie für den Menschen keineswegs; sie lösen sogar eine Vielzahl von ernsten Erkrankungen aus. Den lange Zeit verteufelten Fetten in der Ernährung kommt eine zentrale Bedeutung zu: Sie werden feststellen, es gibt nicht nur gute und schlechte Fette, sondern auch ein gutes und schlechtes Verhältnis einzelner Fettsäuren zueinander. Für einen optimal funktionierenden

Stoffwechsel ist es daher nicht nur wichtig, auf Kohlenhydrate weitgehend zu verzichten. Gesundheit und Leistungsfähigkeit hängen in entscheidender Weise auch davon ab, welche Fettsäuren Sie verzehren und wieviel davon.

Im zweiten Teil dieses Buches („Leben mit der Anabolen Diät") wird auf das Problem der Ketose eingegangen, auf den Gesundheits-Check, welcher der Aufnahme einer ketogenen Diät stets vorausgehen sollte, sowie auf die Lebensmittel, welche für eine solche Ernährung am besten geeignet sind.

Im dritten und letzten Teil werden rund 100 Rezepte für eine ausgewogene, kohlenhydratarme Ernährung mit gesunden Fettsäuren präsentiert. Dafür werden fast ausschließlich naturbelassene Lebensmittel vorgeschlagen; industriell hergestellte Nahrungsmittel kommen so gut wie gar nicht vor. Sie dürfen Anleitungen für herzhafte Gerichte erwarten, die gut schmekken und satt machen.

Klaus Arndt, im Juli 2003

I. TEIL

GESUNDHEITLICHE VORTEILE DER ANABOLEN DIÄT

1.1 Übergewicht durch Kohlenhydrate

Schätzungen zufolge sind bis zu 60 % der Bevölkerung übergewichtig und die Zahl der Dicken nimmt ständig zu. Bereits jeder achte Grundschüler ist zu dick [10]; das eröffnet erschreckende Aussichten für die Zukunft. Abgesehen davon, daß Übergewicht ein ästhetisches Problem darstellt und die meisten Dicken alles darum geben würden, abzunehmen, so ist der „Rettungsring" um die Taille auch der erste Schritt zu einer ganzen Reihe von Erkrankungen.

Beinahe jeder Übergewichtige hat schon eine, oft sogar mehrere Diäten hinter sich, vermutlich anhand der Richtlinien, die seit Jahrzehnten in allen Medien gebetsmühlenhaft wiederholt werden: Weniger Kalorien, vor allem weniger Fett. Weniger Cholesterin, das ist schlecht für das Herz. Daraus entwickelte sich eine Kultur des Verzichts: Verzicht auf Butter, auf rotes Fleisch, auf Eigelb, auf alles, was einen „zu hohen" Fettanteil aufweist. Statt dessen sind Lebensmittel wie Reis und Nudeln, magerer Fisch, sowie Geflügelfleisch populär geworden. Wer etwas auf sich hält und schlank sein will, der ernährt sich weitgehend damit.

Zugegeben, eine fettarme Ernährung bringt schnelle Resultate in Form von Gewichtsverlust und einem Abbau von Körperfett. Aber sie kann in einer strikten Form nicht lange durchgehalten werden. Antriebsschwäche, Mattigkeit und Kraftverlust sind bekannte und widerwillig akzeptierte Folgen einer Ernährung mit wenig Fett. Deshalb wird eine fettreduzierte Diät zur Gewichtsabnahme sehr oft vorzeitig abgebrochen. Wenn der Punkt erreicht ist, an dem man entweder mit seinem Körperfettanteil halbwegs zufrieden ist, oder wenn man einfach nicht länger Diät halten kann, wird wieder mehr gegessen. So gelangt man recht schnell an den Punkt, wo die nächste Diät ansteht. Dieser „Jo-Jo-Effekt“ sorgt aber nicht nur dafür, daß der Status Quo gehalten wird. Im Endeffekt werden die Leute durch häufige Diäten immer dicker.

Das klingt paradox, doch muß bedacht werden, daß bei einer herkömmlichen Diät das Fett- und das Muskelgewebe im gleichen Maße abgebaut werden. Ersteres verliert man ja gern, doch Muskeln sind „aktives“ Gewebe, das selbst in Ruhe noch Kalorien verbrennt. Wenn nach der Diät wieder mehr gegessen wird, kann der Körper die Muskelmasse nicht so schnell ersetzen, wie sie verloren wurde. Er benötigt jetzt eigentlich weniger Kalorien, als vor der Diät – schließlich hat die Muskelmasse ja abgenommen. So bleibt ihm nichts anderes übrig, als einen größeren Teil der verzehrten Kalorien in die Fettdepots zu lenken; mehr als vor der Diät. Wenn das alte Gewicht wieder erreicht worden ist, sind die meisten Leute daher effektiv „fetter“ als zuvor. Und mit der nächsten Diät beginnt der Kreislauf aufs Neue.

Viele Leute bemühen sich redlich, die ungeliebten Pfunde zu verlieren. Ein dauerhafter Erfolg ist ihnen meist nicht beschieden. Dabei liegt das Problem nicht darin, weniger zu essen, sondern richtig. Das Problem ist nicht das Fett, es sind die Kohlenhydrate. Wenn man auf Fett in der Ernährung weitgehend verzichtet, muß dieser Nährstoff durch Protein und Kohlenhydrate ersetzt werden. Und da zuviel Protein als ungesund gilt (ein Überschuß soll die Nieren belasten), wird das fehlende Fett überwiegend durch Kohlenhydrate ersetzt. Eine solche Nahrungszusammenstellung wird von der großen Mehrheit der Ernährungswissenschaftler als „gesund“ empfohlen, doch dabei werden die Grundbedingungen des Stoffwechsels außer Acht gelassen. Die Kohlenhydrate, die wir in Form von Zucker, Brot, Nudeln usw. verzehren, gelangen sehr schnell als Glucose in den Blutkreislauf; dieser „Blutzucker“ versorgt Gehirn und Muskeln mit Energie. Allerdings wird nur ein Blutzuckerspiegel in sehr engen Grenzen toleriert. Steigt der Blutzuckerspiegel durch Kohlenhydrate aus der Nahrung über das obere Limit, sorgt Insulin dafür, daß der Überschuß zunächst in Leber oder Muskeln als Glycogen gespeichert wird (das ist die Speicherform der Kohlenhydrate; zwei Moleküle Glucose ergeben ein Molekül Glycogen). Doch die Aufnahmefähigkeit dieser Glycogenspeicher ist auf wenige hundert Gramm beschränkt; was darüber hinaus an Kohlenhydraten zugeführt wird, wird durch Insulin in die Fettzellen eingelagert.

Sind die Glycogenspeicher erst einmal gefüllt – was bei einer kohlenhydratreichen Ernährung kein Problem darstellt – bleibt für die überschüssigen Kohlenhydrate nur eines übrig: Die Speicherung als Körperfett. Das allein könnte schon die Fettzunahme bei kohlenhydratreicher Ernährung erklären. Doch Insulin ist nicht nur vorrangig ein „Speicherhormon“ für Fett, sondern auch, da alle Hormone in Paaren funktionieren (denken Sie an Testosteron und Östrogen mit ihren gegensätzlichen Wirkungen), der „Gegenspieler“ von Glucagon. Insulin hemmt den Glucagonausstoß und umgekehrt: Bei einem hohen Glucagonspiegel wird kein Insulin ausgestoßen. Das mag auf den ersten Blick nicht spektakulär erscheinen, doch es erklärt die stark fettabbauende Wirkung einer kohlenhydratreduzierten Ernährung.

Wenn wir Insulin als „Speicherhormon“ betrachten, ist sein Gegenspieler Glucagon als „Freisetzungshormon“ zu sehen. Glucagon leitet die Freisetzung von Fettsäuren aus den Körperdepots zur Energiegewinnung ein. Damit ist dieses Hormon ein willkommener Alliierter im Kampf um weniger Körperfett.

Die Fettzellen verfügen über zwei Enzyme, die Fette transportieren, diese werden durch Insulin und Glucagon gesteuert. Lipoprotein-Lipase schleust Fettsäuren in die Fettzellen ein und sorgt dafür, daß sie dort bleiben. Das andere, hormongesteuerte Lipase genannt, setzt Fettsäuren aus den Speicherzellen in das Blut frei. Insulin stimuliert die Lipoprotein-Lipase und leitet so die Fettspeicherung ein, während Glucagon mit Hilfe der hormongesteuerten Lipase die Fettsäuren aus den Fettzellen freisetzt. Bei einem hohen Insulinspiegel kann kein Speicherfett freigesetzt werden; erst wenn der Insulinspiegel fällt, wird Glucagon aktiv und leitet die Fettverbrennung ein.

Insulin unterbindet die Fettverbrennung auch auf andere Weise: Neben den Muskeln setzen viele weitere Organe wie Herz, Leber, Nieren und Lunge zur Energiegewinnung Fette ein. Dazu werden im Blut zirkulierende Triglyzeride durch Enzyme auf der Zellmembran aufgespalten und die freigewordenen Fettsäuren durch Carnitin zu den Mitochondrien im Innern der Zelle transportiert. Dort werden sie zur Energiegewinnung oxidiert und „verbraucht". Insulin hemmt das Carnitin-Transportsystem. So werden aus Fettsäuren wieder Triglyzeride gebildet, die ins Blut entlassen und den Fettzellen zur Speicherung zugeführt werden. An die Stelle der Fette tritt wieder Glucose zur Energiegewinnung. Bei einer Ernährung mit viel Kohlenhydraten verhindert Insulin auch auf diese Weise, daß Körperfett abgebaut wird.

Erst wenn der Blutzuckerspiegel unter die kritische Grenze fällt und keine neuen Kohlenhydrate verzehrt werden, schüttet die Bauchspeicheldrüse Glucagon aus. Dieses Glucagon setzt nun die in der Leber als Glycogen gespeicherte Glucose frei, so daß das Gehirn weiter kontinuierlich mit Blutzucker versorgt werden kann. Wenn die Glycogendepots in der Leber aber erschöpft sind, sorgt Glucagon dafür, daß Fettsäuren aus den Körperdepots aufgespalten werden; dabei entstehen Ketonkörper. Diese Ketonkörper dienen nicht nur der Energieversorgung des Gehirns, sondern werden von den Muskeln ebenfalls zur Energieproduktion genutzt.

Bei einer kohlenhydratreichen Diät ist Glucagon weitgehend ausgeschaltet. Die Freisetzung von Körperfett zur Energiegewinnung wird durch jede neue Mahlzeit mit Kohlenhydraten zuverlässig blockiert. Lediglich bei längeren Pausen zwischen den Mahlzeiten und nachts (da während des Schlafs keine Nahrung zugeführt wird) kann Glucagon verstärkt aktiv werden, wenn der Blutzucker und damit der Insulinspiegel fällt. Doch selbst dann werden vorrangig die Glycogendepots in der Leber erschöpft, bevor Ketonkörper zur Energieversorgung in den Vordergrund treten. Dieses Hormonsystem ist aber „von außen" steuerbar. Wenn Sie keine Kohlenhydrate verzehren, produziert Ihre Bauchspeicheldrüse viel weniger Insulin, statt dessen erheblich mehr Glucagon. Der Verzicht auf Kohlenhydrate führt deshalb nicht nur zu einem schnellen Verlust von Körperfett, auch eine Vielzahl von Erkrankungen kann so verhindert bzw. sehr effektiv behandelt werden. In vielen Fällen kann sogar in Folge ganz auf Medikamente verzichtet werden. Dazu zählen Bluthochdruck, erhöhte Werte bei Gesamtcholesterin und Triglyzeriden, ein ungünstiges Verhältnis von HDL- zu LDL-Cholesterin, Arteriosklerose und Diabetes mellitus, auch Zuckerkrankheit genannt. Immer mehr Veröffentlichungen machen einen durch hohen Kohlenhydratverzehr dauerhaft erhöhten Insulinspiegel für die Entstehung dieser Erkrankungen verantwortlich. Dabei treten sie derart häufig zusammen auf, daß bereits die Bezeichnung „metabolisches Syndrom" dafür geprägt wurde.

Das metabolische Syndrom ist der Beginn eines unheilvollen Reigens gesundheitlicher Beschwerden, der schließlich mit dem Tod endet. So erleiden in Deutschland 150.000 Menschen pro Jahr einen Schlaganfall; 60.000 sterben daran [11]. Circa 300.000 Menschen pro Jahr bekommen einen Herzinfarkt; 90.000 sterben daran. Während die Zahlen der Neuerkrankungen in den letzten Jahren weitgehend konstant geblieben sind, konnte die Zahl der Todesfälle durch Schlaganfall und Herzinfarkt leicht gesenkt werden; die absoluten Zahlen sind jedoch immer noch erschreckend.

Einen großen Anteil an den Schädigungen des Gefäßsystems, die Herzinfarkt und Schlaganfall vorausgehen, hat Diabetes mellitus. Die Krankheit verstärkt die Neigung zu Blutgerinnseln, welche die durch Bluthochdruck und Arteriosklerose geschädigten Adern schlagartig verstopfen können. Geschieht das am Herzen, spricht man vom Herzinfarkt; kommt es zur Blockade eines Blutgefäßes im Gehirn, so wird das Schlaganfall genannt.

In den letzten Jahrzehnten hat Diabetes dramatisch zugenommen. Es wird geschätzt, daß aktuell 4 Millionen Menschen in Deutschland davon betroffen sind. Dabei tritt der vermeidbare Diabetes Typ II (die sog. Altersdiabetes) etwa 20 Mal häufiger auf, als der Typ I (sog. juvenile Diabetes). Für das Jahr 2010 wird gar mit 6,5 Millionen Diabetikern in Deutschland gerechnet [12]. Der Gesundheitsbericht für Deutschland 1998 führt dazu aus: „Durch nicht selten schwerwiegende Folgen wie Beinamputationen,

Herzinfarkt, Nierenversagen, Erblinden, Nervenleiden, Probleme während einer Schwangerschaft und vorzeitigen Tod sowie die Notwendigkeit einer jahrelangen Behandlung verursacht Diabetes großes individuelles Leid und erhebliche gesellschaftliche Kosten." [13] Eine Schätzung des Diabetes Forschungsinstitutes in Düsseldorf aus dem Jahre 2001 unterstellt eine Summe von 25 Milliarden Mark jährlich, die allein für die Behandlung des Diabetes Typ II benötigt wird [14].

Dabei ist Diabetes Typ II vermeidbar – die Krankheit ist die direkte Folge des metabolischen Syndroms. Durch jahrzehntelange, falsche Ernährung mit zuviel Kalorien, vor allem aber zuviel Kohlenhydraten und zuwenig Bewegung kann der Körper sein eigenes Insulin nicht mehr nutzen. Er reagiert auf einen dauerhaft erhöhten Insulinspiegel, indem er die Effektivität der insulinempfindlichen Rezeptoren an der Zelloberfläche abschwächt. So wird immer mehr Insulin gebraucht, um diese Rezeptoren zur Aufnahme von Glucose in die Zellen zu bewegen. Der Körper wird tatsächlich „resistent" gegen sein eigenes Insulin. Über einen Zeitraum von vielen Jahren muß die Bauchspeicheldrüse so mehr und mehr Insulin produzieren, während die Wirkung dieses Hormons stetig abnimmt. Am Ende dieser Entwicklung steht ein voll entwickelter Diabetes Typ II; jetzt muß Insulin von außen zugeführt werden. Dabei handelt es sich bei Diabetes um eine relativ neue Krankheit, die erst durch tiefgreifende Änderungen im Ernährungsverhalten die Ausmaße einer Epidemie annehmen konnte.

1.2 Die Ernährung unserer Vorfahren

Unsere Vorfahren waren Jäger und Sammler. Ihr bevorzugtes Lebensmittel war Fleisch, und zwar nicht das magere Muskelfleisch, das wir heute als Steak auf dem Teller haben: Bei den erlegten Tieren wurden zuerst die fett- und vitaminreichen inneren Organe verzehrt [15].

Herz, Leber, Nieren und Hirn waren die Delikatessen der Frühmenschen. Ohne dieses tierische „Kraftfutter", überreich an gesättigten Fettsäuren und Cholesterin, an Omega-3 Fettsäuren, Vitaminen und Mineralien, hätten unsere frühen Vorfahren den Aufstieg zum modernen Menschen gar nicht bewältigen können. Es gilt heute als gesichert, daß erst diese Ernährung ein dramatisches Wachstum des Gehirns auslöste [16, 17]. Paläoanthropologen staunten nicht schlecht, als die Vermessung von jüngeren Schädeln des Heidelberg-Menschen (er lebte zwischen 780.000 bis 30.000 vor Christus) ergab, das sein Gehirn sogar größer war, als das unsere heute. Seither geht es wieder abwärts; die durchschnittliche Schädelgröße als Meßfaktor für die Gehirnkapazität ist heute 11 % geringer [16].

Die fettesten Teile des Tieres – Gehirn, Augen, Zunge und Nieren – wurden mit Genuß verspeist. Auch das übrige Fett eines Beutetieres wurde komplett verwertet [18]; ein Beispiel dafür ist „Pemmican“, die „Fleischkonserve“ nordamerikanischer Indianer. Fettarmes Muskelfleisch wurde getrocknet, zerkleinert und dann durch den Zusatz von Fett „genießbar“ gemacht. Richtig gelagert ist Pemmican beinahe unbegrenzt haltbar [7]. Wenn es die Situation erlaubte, wurde bei Jägern und Sammlern das gesamte Tier genutzt; selbst die Knochen wurden aufgebrochen, um das Knochenmark zu gewinnen: Das ist reich an einfach ungesättigten Fettsäuren. Von Steinzeitjägern ist bekannt, daß sie die großen Beinknochen ihrer Beutetiere als Fettreserve aufbewahrten, um im Winter das Mark herauszukochen [19]. Um es noch einmal zu betonen: Fettarmes Muskelfleisch allein galt als ungenießbar. Alaska-Indianer nutzten es vorwiegend als Hundefutter [20].

Dieser Umstand wird von Stefansson bestätigt: Er und einige Eskimos waren gezwungen, mehrere Wochen vom Fleisch dürrer Karibus zu leben, so mager, daß „...selbst hinter den Augen und im Knochenmark kaum Fett zu finden war.“ In der zweiten Woche wurden alle krank; es stellte sich Durchfall ein, sowie ein „...allgemeines, rätselhaftes Unwohlsein.“ Mit der Aufnahme von etwas Fett verschwanden diese Symptome sofort [21]. Die ersten weißen Siedler in Nordamerika nannten diese Krankheit „Rabbit Starvation“ (zu übersetzen etwa mit „Verhungern durch Kaninchenfleisch“). Nach Cordain führt der Verzehr von magerem Fleisch allein zur Proteinvergiftung, es braucht zusätzlich Fett oder Kohlenhydrate, um gesund zu bleiben [17].

Früchte und Beeren, Pilze und Wurzeln ergänzten den Speiseplan. Allerdings darf man sich Erstere nicht wie heutige Turbo-Züchtungen vorstellen: Sie wuchsen vereinzelt, waren sehr viel kleiner, enthielten erheblich weniger

Tab. 1 Vitamine, Mineralstoffe und Spurenelemente: Tägliche Zufuhr in der Steinzeit und Vergleich mit heutigen Empfehlungen (nach Reuss [23])

Vitalstoff	Aufnahme in der Steinzeiternährung			
	mit 3000 kcal. (1)		mit 6000 kcal. (2)	
	in mg	in % (3)	in mg	in % (3)
Vitamin C	604	604	1208	1.208
Vitamin B1 (4a)	3,9	325	7,8	650
Vitamin B2	6,5	500	13,0	1.000
Folsäure	0,36	90	0,72	180
Vitamin A (4a)	17,2	1.720	34,4	3.440
Vitamin E	32,8	328	65,6	656
Natrium	768	140	1536	280
Kalium	10.500	5.025	21.000	10.050
Calcium	1.622	162	3.244	324
Magnesium	1.223	350	2.446	700
Phosphor	3.223	460	6.446	920
Eisen	87,4	874	174,8 (4b)	1.548 (4b)
Zink	43,4	434	86,8 (4b)	868 (4b)
Kupfer	12,2	976	24,4 (5)	1.952 (5)
Mangan	13,3	380	26,6 (5)	760 (5)

Anmerkungen

1. Wiss. Ergebnisse, die von 3000 kcal. Tagesenergie-Umsatz ausgehen (mittlere bis geringe körperliche Aktivität).
2. Von Reuss hochgerechnete Zahlen, die von 6000 kcal. Tagesenergie-Umsatz ausgehen (hohe körperliche Aktivität).
3. Menge in Prozent; 100 % = Zufuhrempfehlung der Deutschen Gesellschaft für Ernährung (DGE) 2000.

4a. Berechnet für Männer von 25-51 Jahren; 100 % = Zufuhrempfehlung DGE 2000.

4b. Berechnet für erwachsene Männer; 100 % = Zufuhrempfehlung DGE 2000.

5. Berechnet für Mittelwert der Spanne; 100 % = Zufuhrempfehlung DGE 2000.

Kohlenhydrate [22], aber dafür viel mehr Vitamine und Mineralien. Der Mensch hat vermutlich die Fähigkeit verloren, das für ihn lebenswichtige Vitamin C selbst herzustellen, da er mit einer Handvoll Beeren pro Tag mehr als genug davon bekam. Darüber hinaus enthält Fleisch eine Reihe von Substanzen, die den Vitamin C-Stoffwechsel im Körper fördern. Aktuelle Untersuchungen setzen die Vitamin C-Versorgung von Steinzeit-Jägern erheblich höher an, als heute von der DGE empfohlen wird [23]. Unsere Hauskatze, ein moderner Verwandter des Säbelzahntigers, kann als reiner Fleischfresser ihr Vitamin C immer noch selbst herstellen.

Vieles deutet darauf hin, daß unsere frühen Vorfahren die Umwelt nicht besser behandelten, als wir es heute tun, natürlich im Rahmen ihrer damaligen Möglichkeiten. Je mehr die Population der Menschen anwuchs, desto schneller wurde die Tierwelt dezimiert [24]. Da Fleisch das bevorzugte Nahrungsmittel war, wurden die großen Pflanzenfresser wie Mammuts, Auerochsen und andere Beutetiere bis zur Ausrottung gejagt. Dabei erwies sich schon der frühe Mensch als „homo oeconomicus“ und setzte seine Kräfte zum größten Vorteil ein: Nicht nur ist die Hatz auf ein großes Tier weniger aufwendig, als auf viele kleine; große Tiere liefern auch viel mehr Fett [25].

Je seltener das Großwild wurde, desto dringlicher erschien es, sich nach anderen Methoden der Nahrungsversorgung umzusehen. Der Mensch konzentrierte sich auf kleinere Säugetiere; auch Meeresfrüchte und Fisch wurden verstärkt genutzt. Je weniger die Jagd schließlich einbrachte, desto stärker wurde der Getreideanbau forciert [25]. Dabei wurden die Menschen aber eher von nagendem Hunger getrieben, als von einem unstillbaren Appetit auf Brot. Es gibt zahlreiche Hinweise dafür, wie schwer unseren Vorfahren der Übergang zu Getreide gefallen sein muß, letztlich ja nichts anderes als Grassamen. Überall, wo damals die Ernährung von tierischen Produkten auf Getreide umgestellt wurde, kam es zu dramatischen Veränderungen: Die Menschen wurden kleiner, die Kindersterblichkeit stieg an, die Lebensspanne verkürzte sich, Infektionskrankheiten nahmen zu, Eisenmangelkrankheiten häuften sich, Knochenentkalkung und andere auf einen gestörten Mineralstoffhaushalt zurückzuführende Skelettveränderungen traten auf, ebenso wie Karies und andere Veränderungen des Zahnschmelzes [25].

Tab. 2 Abkehr vom Getreideanbau [26,27]

Das Neolithikum, jene letzte Epoche der Steinzeit, die von der Bronzezeit abgelöst wurde, begründet nach herkömmlicher Lehrmeinung den Beginn des Ackerbaus. Ein britischer Archäologe ging daher der Frage nach, wie die Ernährung im England der Jungsteinzeit beschaffen war. Die Knochen von 23 Menschen wurden untersucht; sie stammten von zehn verschiedenen Stellen in Zentral- und Südengland, aus einem Zeitraum von 4.100 bis 2.000 vor Christus. Die Isotopen-Analyse (der Vergleich chemischer Elemente im Knochenprotein) ergab, daß sie sich hauptsächlich von tierischen Produkten (Fleisch, Milch oder Käse) ernährten und pflanzlicher Nahrung keine große Bedeutung zukam [26].

Ein anderer britischer Archäologe verwahrt sich dagegen, daß viele seiner Kollegen „aus Bequemlichkeit" und oft ohne „harte Fakten" den Beginn des Ackerbaus immer weiter zurückverlegen. Er hält dagegen, daß etliche gut untersuchte Bevölkerungsgruppen über lange Zeit ihren Lebensstil als Jäger und Sammler beibehielten, obwohl benachbarte Stämme Getreide anbauten. „Die aktuelle Forschung zeigt, daß niemand ohne Zwang den Ackerbau aufnahm..." argumentiert er. So z.B. die Ertebølle-Kultur in Dänemark, die sich nach ersten Kontakten mit Farmern über 1.000 Jahre lang weiter von der Jagd und vom Fischfang ernährte. Die Steinzeitmenschen von Muge und Sado in Portugal verweigerten sich dem Ackerbau ebenso lange, obwohl ihre Nachbarn Bauern waren. Auf der schwedischen Ostsee-Insel Gotland war die Bevölkerung in der frühen Steinzeit mit Schafen, Kühen, Schweinen und Getreide seßhaft geworden; in der Mittelsteinzeit aber zogen die Leute an die Küste zurück, um Robben zu jagen und Fischfang zu betreiben [27].

Doch es gab keine Alternative. Der Ackerbau wurde vor etwa 10.000 Jahren im „fruchtbaren Halbmond" (siehe Abb. 1) erstmals angewandt; der Anbau von Getreide und damit einhergehend, eine seßhafte Lebensweise, eroberte von dort aus die Welt [28]. Im Mittelmeer-Raum verbreitete sich der Getreideanbau schnell, nach und nach wurde auch in immer mehr Gegenden Mitteleuropas Getreide angebaut. In Nordeuropa allerdings hat der Ackerbau erst erheblich später Fuß gefaßt, zuletzt wohl im hohen Norden Finnlands und Schottlands. Die Viehzucht entwickelte sich analog zum Getreideanbau. Allerdings konnte die Fleischproduktion nicht mit der rasch wachsenden Bevölkerung mithalten. Wer es sich leisten konnte, dem dienten tierische Proteinträger weiter als Hauptnahrungsmittel. Für die breite Masse aber wurden Getreide, Hülsenfrüchte und Gemüse zur Grundlage der Ernährung; tierische Produkte wie Fleisch, Eier, Käse und Milch ergänzten diese.

Der Mensch ist seit Jahrhunderttausenden genetisch optimal angepaßt an Fleisch und tierische Fette. Die erst wenigen tausend Jahre, in denen Getreide verzehrt wird (ebenso Hülsenfrüchte und pflanzliche Öle, wie wir später noch sehen werden), waren dagegen zu kurz, um eine vollständige genetische Anpassung zu erreichen. Das erklärt, warum der menschliche Organismus mit so hohen Insulinausschüttungen auf den Verzehr von Getreideprodukten und Zucker reagiert: Kohlenhydratmengen, wie sie heute üblich sind, kamen in der Welt der frühen Menschen nicht vor. Selbst in den Industriestaaten des 19. Jahrhunderts war der Speiseplan trotz Brot und Getreideprodukten noch sehr reich an Fetten und tierischen Produkten. Doch seit etwa 100 Jahren entwickelt sich der ernährungsbedingte Insulinüberschuß zu einem gravierenden Problem: Im Verlauf des 20. Jahrhunderts wurden tierische Fette und Proteine als Kalorienlieferanten immer mehr durch Zucker und Stärke ersetzt. Nicht nur die Nahrungsmittelindustrie mit ihrem wachsenden Ausstoß von verarbeiteten Lebensmitteln wird dafür verantwortlich gemacht, sondern auch der Siegeszug gezuckerter Limonaden.

1.3 Krank durch Getreide

Heute zeichnet sich immer deutlicher ab, daß die moderne Ernährung ernste Erkrankungen verursacht. Kohlenhydratreiche Nahrungsmittel, vor allem die Getreideprodukte, wirken sich nicht nur auf den Insulinspiegel aus; sie enthalten auch erheblich weniger Vitamine und Mineralstoffe als tierische Lebensmittel. Schlimmer noch, selbst diese geringen Mengen können oft nur in Teilen aufgenommen werden. So behindert Phytinsäure in Getreideprodukten die Absorption von Calcium und Eisen im Darm, indem sie mit diesen unlösbare Salze bildet; auch Zink, Kupfer und Magnesium werden aus

Abb. 1 Verbreitung des Ackerbaus (nach Diamond [28])

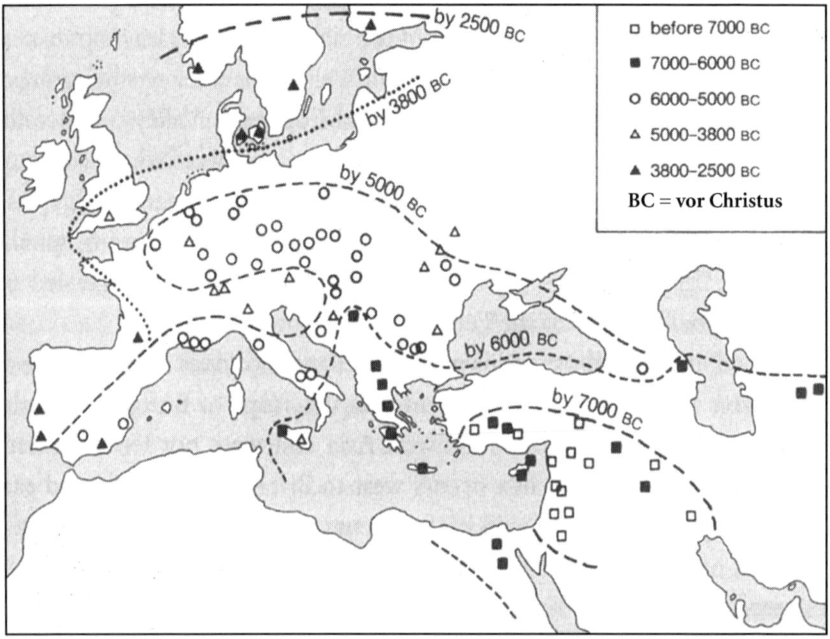

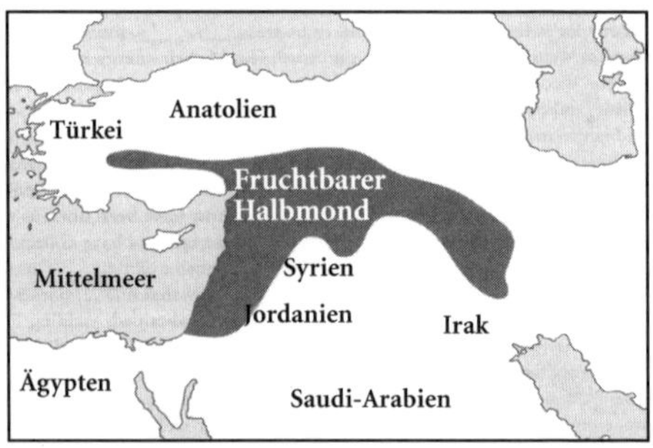

Der Ackerbau nahm seinen Anfang im „Fruchtbaren Halbmond" [28] des heutigen Nahen Ostens und Anatoliens. Die kleine Karte rechts zeigt nachgewiesene Ackerbauflächen 7.000 Jahre vor Christus.

Die große Karte oben zeigt die Ausbreitung des Ackerbaus vom „Fruchtbaren Halbmond" aus. Die Symbole zeigen Stellen, wo Überreste von Ackerpflanzen aus dem „Fruchtbaren Halbmond" gefunden wurden (nachgewiesen durch die Radiocarbon-Methode). □ markiert die Fundstellen im „Fruchtbaren Halbmond", älter als 7.000 vor Christus. Je weiter die Entfernung von diesem Ausgangspunkt, desto jünger die Fundstellen der Überreste von Ackerpflanzen [28].

Abb. 2 Ausbreitung des Ackerbaus und chronische Erkrankungen heute (nach Lutz [6])

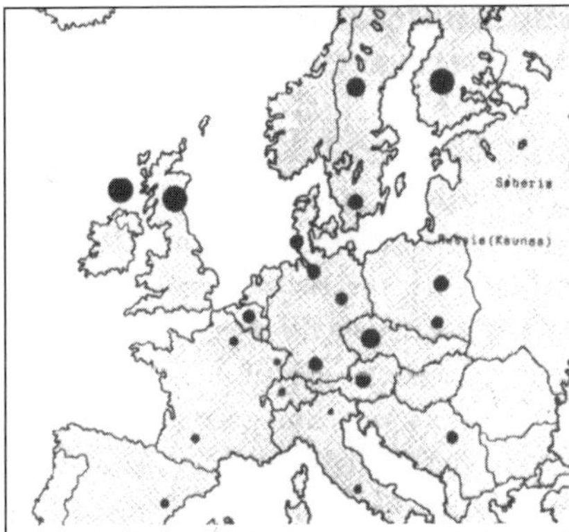

A) Herzinfarkt ● = größte Häufigkeit (Männer 45-65 Jahre; Zahlen von 1984 & 1994)

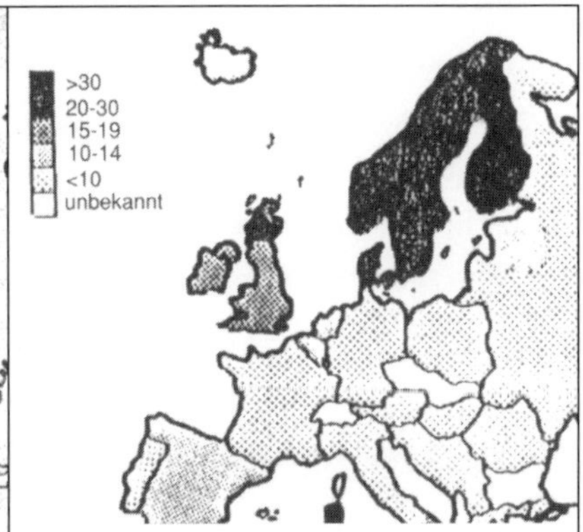

B) Diabetes Typ I, Fälle je 100.000 Einwohner (Ausbruch 0-14. Lebensjahr; Zahlen von 1992)

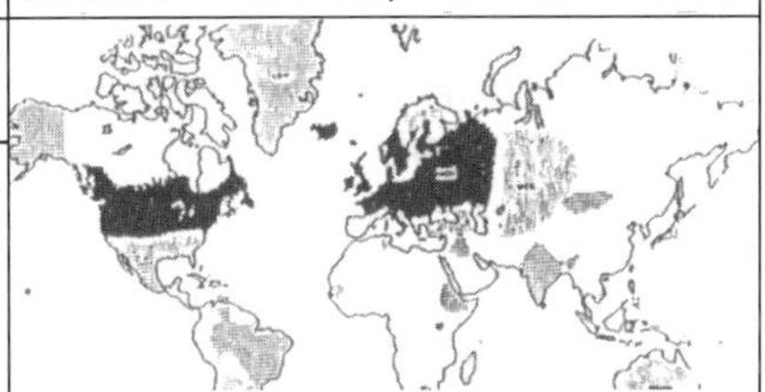

C) Multiple Sklerose, Fälle je 100.000 Einwohner > 30 = schwarz, 5-29 = schraffiert (Zahl. 1993)

Nach Dr. Lutz' Adaptionstheorie sind die Menschen umso besser an Kohlenhydrate angepaßt, je eher sie mit Getreide in Berührung gekommen sind. Tatsächlich entspricht die heutige Verbreitung der wichtigsten Zivilisationskrankheiten dem Weg, den der Ackerbau genommen hat: Je später eine Region den Getreideanbau übernommen hat, desto höher die Krankheitsrate. Die Völker rund um das Mittelmeer kamen früh mit Getreide und einem gesteigerten Kohlenhydratverzehr in Kontakt, dementsprechend gut haben sie sich daran angepaßt. Nach Zentraleuropa gelangte der Ackerbau erst später, mit dem Ergebnis einer schlechteren Anpassung an Getreide. In die nördlichsten Gebiete Europas (Nordirland, Nord-Schottland, Finnland) gelangte der Ackerbau erst vor wenigen tausend Jahren, ihre Bewohner sind am schlechtesten daran angepaßt.

Dem entsprechend fällt heute das Auftreten von Herzinfarkt (A), Diabetes Typ I (B) und Multipler Sklerose (C) mit dem Weg zusammen, den der Ackerbau genommen hat: Die Gebiete, welche den Getreideanbau zuletzt übernahmen und deshalb die geringste Gewöhnung daran aufweisen, zeigen die höchsten Raten der vorgenannten Erkrankungen [6].

Getreide schlecht resorbiert. Dieses Phänomen tritt übrigens bei Vollkornprodukten ausgeprägter auf, als bei ausgemahlenen Mehlen. Obwohl erstere mehr Vitamine und Mineralien enthalten, können diese doch schlechter vom Körper aufgenommen werden.

Ein gravierendes Problem ergibt sich daraus, daß nährstoffarme Getreideprodukte (Brot, Nudeln, Müsli, Cerialien) zunehmend nährstoffreiche Lebensmittel (Fleisch, Fisch, Eier, Milchprodukte) vom Speiseplan verdrängen. Verminderte körperliche und geistige Leistungsfähigkeit, langfristig sogar Mangelerkrankungen sind die Folge.

Getreide als überzüchtetes Steppengras enthält überdies sog. Anti-Nutriente und andere Substanzen, die Fraßfeinde von der Pflanze fernhalten sollen. Viele dieser Stoffe können beim Menschen ernste Erkrankungen auslösen. Erst langsam beginnt die Wissenschaft zu verstehen, daß im Getreide enthaltene Substanzen wie Alkylresorcinole, Alpha-Amylase-Hemmer und Protease-Hemmer zwar einige nützliche Funktionen im menschlichen Körper erfüllen, in den meisten Fällen aber schädlich wirken [25]. Bislang sind vor allem pflanzliche Abwehrproteine aus der Gruppe der Lektine in das Blickfeld der Wissenschaft geraten; sie kommen vor in Getreide und Hülsenfrüchten. Beim Menschen werden Lektine weder im Magen, noch im Darm aufgespalten, deshalb können sie intakt die Darmwand passieren und Immunreaktionen auslösen; Lektine können aber auch Bakterienproteinen den Übertritt ins Blut ermöglichen, was das Immunsystem ebenfalls herausfordert [29].

Entsprechend sind Lektine aus Getreide und Hülsenfrüchten in den Verdacht geraten, durch andauernde Reizung des Immunsystems Auto-Immunkrankheiten wie Rheuma [29], Diabetes, Morbus Crohn und Multiple Sklerose [30] zu begünstigen, bzw. ursächlich dafür verantwortlich zu sein. Letzteres trifft zu auf die Zöliakie, bzw. Sprue (eine chronische Erkrankung der Dünndarmschleimhaut, die mit Durchfall und Nährstoffmängeln einhergeht; Zöliakie heißt die Krankheit im Kindesalter, beim Erwachsenen spricht man von Sprue) und die Duhring-Brocq-Krankheit (auch Dermatitis herpetiformis genannt, eine Hautkrankheit, gekennzeichnet durch stark juckende Ekzeme und Bläschen). Bei den Betroffenen wirkt das Gliadin, ein

Abb. 3 Verbreitung von Sprue/Zöliakie in der Bevölkerung [32]

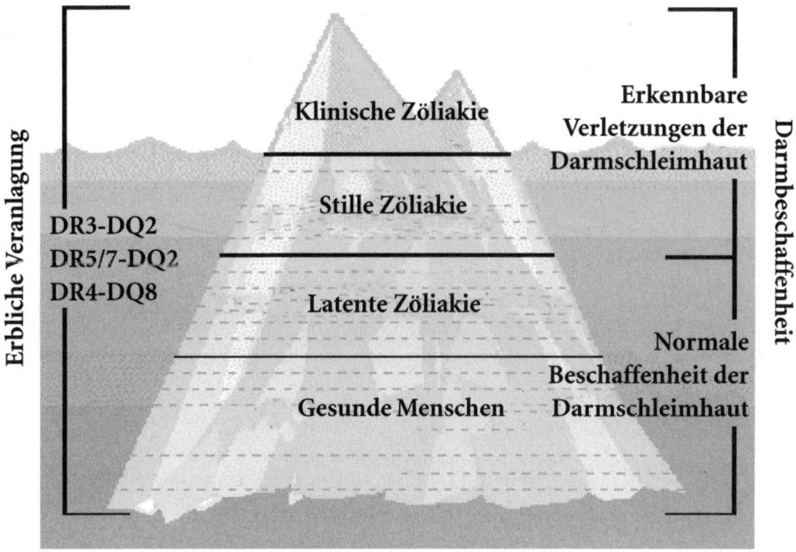

Zöliakie, bzw. Sprue, die Krankheit im Verborgenen: Nur die Spitze des Eisbergs ist sichtbar. Die „klinische Zöliakie" bezeichnet bekannte Fälle, die ärztlich behandelt werden. Darunter, schon größer, lauert im Verborgenen die „stille Zöliakie"; wer davon betroffen ist, zeigt zwar deutliche Krankheitssymptome, kennt aber die eigentliche Ursache seiner Beschwerden nicht. Noch größer ist die Gruppe jener Menschen, die unter „latenter Zöliakie" leiden. Hier zeigen sich keine Symptome, doch die Gefahr eines späteren Ausbruchs der Erkrankung ist nicht auszuschließen. Die Gruppe der Menschen, die von Zöliakie überhaupt nicht betroffen ist, macht demnach weniger als die Hälfte der Bevölkerung aus.

Bestandteil des Glutenproteins, wie ein Gift. Beide Erkrankungen lassen sich durch eine Ernährung ohne Gluten heilen. Dieses Kleberprotein ist in Weizen, Roggen und Hafer enthalten, sowie mittlerweile in vielen industriell verarbeiteten Lebensmitteln. Gluten ist Bestandteil von Stabilisatoren, Emulgatoren, Geschmacksverstärkern, Gewürzen oder Trennmitteln, dient zum Andicken von Fruchtsäften und ist im Bier ebenso zu finden, wie in Eis, Gebäck, Brühwurst, Koch- und Rohwurst, gekochtem und geräuchertem Schinken, in Reibekäse, Schmelzkäse und Roquefort [31].

Von der exotisch klingenden Zöliakie/Sprue sind viel mehr Menschen betroffen, als man zunächst annehmen möchte (siehe Abb. 3 auf der vorangegangenen Seite). Viele Betroffene nehmen oft gar nicht wahr, daß sie an Gluten-Unverträglichkeit leiden. Als Folge einer jahre- oder jahrzehntelang gestörten Darmfunktion mit mangelnder Aufnahme von Vitalstoffen kann es zu ernsten Folgeerkrankungen kommen; es gibt Hinweise auf Anämie (Blutarmut), Osteoporose (Knochenentkalkung) und Diabetes Typ I [31].

Die Gluten-Unverträglichkeit ist genetisch bedingt; wie schon erwähnt, ist die Zeitspanne, in der Menschen Getreide verzehren, für eine vollständige genetische Anpassung zu kurz gewesen. Die Nachfahren der Menschen, die zuerst mit Getreide in Kontakt kamen, sind demnach heute besser daran angepaßt, als die Nachkommen jener Leute, die erst später darauf umstiegen. Selbst wenn die Zöliakie/Sprue nicht im Vollbild vorliegt, kann der Verzicht auf glutenhaltige Nahrungsmittel offensichtlich eine Reihe anderer Erkrankungen heilen, die auf den ersten Blick gar nichts mit Getreideprotein zu tun haben: Kopfschmerzen und Migräne-Attacken [33], durch Immunschwäche verursachten Durchfall und Gewichtsverlust [34], Epilepsie, die nicht auf Medikamente anspricht (50% Heilungschance [35]), sowie Ataxie, eine Störung der Koordination von Bewegungsabläufen [36].

Unser täglich‘ Brot ist also eine Notlösung, an die wir uns mehr schlecht als recht gewöhnt haben. Doch unsere Gesundheit ist nicht nur bedroht durch große Mengen Kohlenhydrate und unverträgliche Substanzen in Getreideprodukten. In unserer schönen neuen Welt sehen die Lebensmittel zwar sehr appetitlich aus, doch um die inneren Werte ist es häufig schlecht bestellt: Wir bekommen heute nicht mehr die Fette, die wir zum Leben brauchen. Auch daraus erwachsen dramatische Konsequenzen. Es scheint, als ob wir völlig vergessen hätten, mit welcher Ernährung der Mensch zur dominierenden Spezies auf diesem Planeten wurde.

1.4 Gewandelter Fettverzehr und die Folgen

Um das Jahr 1900 waren in den USA Herzkrankheiten gerade einmal für 10 % aller Todesfälle verantwortlich; Infektionskrankheiten wie Tuberkulose und Lungenentzündung forderten viel mehr Opfer. Aber bereits 1950 waren Herz-Kreislauferkrankungen die Ursache für ein Drittel aller Todesfälle, davon war der größte Teil auf ein neues Phänomen zurückzuführen: den Herzinfarkt. 1910 waren Herzinfarkte völlig unbekannt gewesen, noch 1930 starben nicht mehr als 3000 Menschen daran. Doch 1960 forderte der Herzinfarkt in den USA eine halbe Million Menschenleben [37]. Seither zählen Herz-Kreislauferkrankungen jedes Jahr aufs neue zu den großen Killer-Krankheiten.

Der jahrzehntelange Verzehr großer Mengen Kohlenhydrate, mit Diabetes als Folgekrankheit, ist ein Grund für die starke Zunahme von Herz-Kreislauferkrankungen. Doch auch ein weiterer Zusammenhang ist derart offensichtlich, daß man sich nur wundern kann, wie es so weit kommen konnte: Die Entwicklung der Herzkrankheiten geht einher mit einem gewandelten Fettverzehr. Noch zu Beginn des vergangenen Jahrhunderts wurden etwa 30-40 % Fett pro Tag verzehrt: Butter, Eier, Speck und Vollmilch galten als Selbstverständlichkeit. Die Bauern hielten ihre Tiere weitgehend auf der Weide; die ganzjährige Mast im Stall war noch nicht erfunden. Gebacken und gebraten wurde mit tierischen Fetten wie Butter und Schmalz, sowie dem pflanzlichen, gesättigten Kokosfett. Heute ist der Fettverzehr zwar nur unwesentlich geringer, doch wurden all die natürlichen Fette, die noch unsere Urgroßeltern gesund erhalten hatten, im Laufe des Jahrhunderts durch andere ersetzt. Das Fleisch der Tiere liefert uns heute Getreide-Fettsäuren im Übermaß, aber viel zuwenig andere wichtige Fettsäuren. Pflanzliche Speiseöle haben Butter und Schmalz weitgehend verdrängt, industriell gehärtete Pflanzenöle dienen als Back- und Bratfett und sind darüber hinaus in sehr vielen industriell hergestellten Nahrungsmitteln enthalten.

Tierische Fette sind überwiegend sehr stabil, während Pflanzenöle aus ungesättigten und mehrfach ungesättigten Fettsäuren bestehen. Diese sind erheblich instabiler, d.h. sie werden schnell ranzig. Daher erfordert der Verzehr pflanzlicher Öle eine höhere Zufuhr von Antioxidantien, damit sie nicht als Freie Radikale im Körper Zellschäden anrichten. Pflanzliche Öle, vor allem die der Omega-6 Gruppe (Maiskeim-, Distel- und Sonnenblumenöl) liefern überdies Rohmaterial für die Bildung entzündungsfördernder Eicosanoide; dazu später mehr. Wer pflanzliche Öle in größeren Mengen zuführt, muß daher mit ernsten Problemen rechnen: Es gibt Hinweise auf eine vermehrte Anfälligkeit für Krebs, Hemmung des Immunsystems, Schäden an Leber und Blutgefäßen, sowie vorzeitige Alterung [37,38].

Weite Kreise der Wissenschaft sind auf diesem Auge ganz offensichtlich blind. Sie wollen nicht wahrhaben, daß die Lösung eines so gravierenden Problems derart einfach sein könnte. Und so wird heute breiten Bevölkerungsschichten immer noch empfohlen, im Hinblick auf ein gesundes Herz-Kreislauf-System auf tierische, überwiegend gesättigte Fette zu verzichten und den ungesättigten aus pflanzlichen Ölen den Vorzug zu geben. Darauf ist der Stoffwechsel des Menschen aber nicht eingestellt; das zeigt sich ganz deutlich, wenn pflanzliche Öle aus der Ernährung verbannt werden: Mit einer artgerechten Ernährung für den Menschen regulieren sich überhöhte Blutfettwerte sehr schnell. Bereits 1988 war ein deutlicher Hinweis darauf veröffentlicht worden, daß tierische Fette nicht das Problem, sondern die Lösung darstellen. Sieben Patienten, die unter ernsten Lebensmittelallergien ebenso litten, wie unter einem zu hohen Cholesterinspiegel, wurden auf eine Diät gesetzt, die keine Milch, keinen Zucker und kein Getreide enthielt; die Mehrzahl der Kalorien wurde von Rinderfett bestritten. „Dies ist die einzige Gruppe von Leuten, die in der letzten Zeit so eine Diät erhielt...“ hieß es sorgenvoll zu Beginn der Studie. Vermutlich war dem Versuch eine lange Ethik-Debatte vorausgegangen, ob man Menschen überhaupt der Gefahr eines schnellen Herztodes durch solche Mengen „arterienverstopfenden“, tierischen Fetts aussetzen durfte. Doch zur Verblüffung der Wissenschaftler schadete das tierische Fett der Versuchsgruppe überhaupt nicht, das Gegenteil trat ein: Die Blutfettwerte verbesserten sich sensationell. Die Triglyzeride fielen deutlich (von 113 mg/dl auf 73 mg/dl), ebenso das Serum-Cholesterin (von 263 mg/dl auf 189 mg/dl). Das „gute“ HDL-Cholesterin stieg dabei von 21 % auf 32 %. „Diese Ergebnisse werfen eine wichtige Frage auf,“ folgerten die Wissenschaftler: „Werden erhöhte Cholesterinwerte z.T. vielleicht doch nicht durch den Verzehr tierischen Fetts ausgelöst (ein extrem „altes Lebensmittel"), sondern durch einen Faktor in Getreide, Einfachzucker und Milch („neue Lebensmittel"), der in den Cholesterinhaushalt eingreift?" [39].

Zusätzliche Hinweise darauf, wie vorteilhaft eine Ernährung mit natürlichen Lebensmitteln und reichlich gesättigten Fetten ist, liefern Beobachtungen bei vermeintlich „primitiven" Völkern. Wenn man den Einfluß der Ernährung auf die Gesundheit untersucht, dann stellen traditionell lebende Samburu in Ostafrika die Empfehlungen der meisten westlichen Medizin-Koryphäen in den Schatten. Die Samburu sind ein kenianisches Hirtenvolk, das sich vor allem von seinem Vieh ernährt. Sie verzehren ein Pfund Fleisch und knapp acht Liter Milch am Tag, wobei bedacht werden muß, daß die Milch des afrikanischen Zebu-Rinds erheblich fetter ist, als die unserer Kühe. Obwohl die Samburu auf diese Weise doppelt soviel tierische Fette verzehren, wie ein Durchschnittsamerikaner, liegt ihr Cholesterinspiegel im Schnitt bei sehr niedrigen 170 mg pro Deziliter Blut [42].

Tierische Fette sind demnach doch nicht ungesund und das Cholesterin aus der Nahrung steigert den Cholesterinspiegel im Blut nur unwesentlich. Wie konnten so naheliegende Zusammenhänge derart lange übersehen werden? Da wären viele Gründe zu nennen, doch einigen Entwicklungen kommt entscheidende Bedeutung zu: Die Wissenschaft hat lange Zeit die wichtige Rolle der Fette für die Gesundheit von Mensch und Tier nicht erkannt. Und die Nahrungsmittel-Erzeugung hat sich in den letzten 100 Jahren immer weiter von unserem – durch geschickte Werbung genährten – romantischen Ideal entfernt. Rinder werden nicht mehr auf der Weide groß, sondern bekommen das Tageslicht oft nur noch zu sehen, wenn sie für den Schlachthof verladen werden. Unser Getreide wird nicht mehr auf kleinen Höfen angebaut und mit Sense und Heugabel von Hand geerntet. Statt dessen werden gigantische Monokultur-Felder von Maschinen bewirtschaftet. Und die Industrialisierung der Lebensmittelbranche ist in einem Maße fortgeschritten, die selbst einen Upton Sinclair hätte erblassen lassen [43]. So ist das Bewußtsein für grundlegende Zusammenhänge verloren gegangen.

Die Bedeutung der Fette, die wir verzehren, ist derart hoch, daß es sich lohnt, einen Blick in die Chemie der Fettsäuren zu werfen.

Tab. 3 Das Bellevue-Experiment: Ein Jahr nur Fleisch & Fett [21,40,41]

Vilhjalmur Stefansson, der kanadische Entdecker und Anthropologe, war davon überzeugt, daß eine Ernährung mit Fleisch und Fett allein den Menschen gesund erhält. Bei seinen Aufenthalten in der Arktis hatte er viele Jahre mit traditionell lebenden Eskimos zugebracht. Diese lebten fast ausschließlich von Fleisch, Fisch, Innereien und Fett. Die als besonders nahrhaft angesehenen Fischköpfe und Schwänze waren den Kindern vorbehalten [40].

Auch nach seinen Expeditionen ließ Stefansson die Erfahrung mit der Eskimo-Ernährung nicht mehr los, er veröffentlichte viele Artikel und Bücher zu diesem Thema. Dabei wurden ihm bereits damals jene Argumente entgegen gehalten, die auch heute noch ins Feld geführt werden: „Je weniger Fleisch Sie essen, desto besser. Wer davon zuviel verzehrt, bekommt Rheuma, verhärtete Arterien, hohen Blutdruck und die Gefahr des Nierenversagens steigt – kurz gesagt, es droht vorzeitige Alterung." [40] Obendrein könne wegen drohender Vitaminmängel auf Gemüse und Früchte nicht verzichtet werden.

1926 wurde Stefansson von Dr. Lieb, einem befreundeten New Yorker Arzt, gründlich untersucht. Dieser veröffentlichte die Ergebnisse im Juli desselben Jahres unter dem Titel „The Effects of an Exclusive Long-Continued Meat Diet" („Die Auswirkungen einer ausschließlichen, lange durchgeführten Fleischernährung") im angesehenen „Journal of the American Medical Association". Die damit gewonnene Publicity ermöglichte es, mit Geldern aus der US-Fleischindustrie eine umfangreiche Untersuchung zu starten. Im Januar 1928 begann ein Langzeitversuch, der als „Bellevue-Experiment" in die Geschichte eingehen sollte [21].

Dr. Dubois, Chefarzt des New York Hospitals, saß einem Gremium vor, dem unter anderem Vertreter der Universitäten von Harvard, Cornell, Johns Hopkins und Chicago angehörten. Unter der strengen Aufsicht von Wissenschaftlern der besten medizinischen Hochschulen der USA begaben sich Stefansson und ein junger Däne namens Anderson, der ihn zuvor auf eine seiner Arktisexpeditionen begleitet hatte, in das Bellevue Hospital, um ein Jahr lang von Fleisch zu leben. Dabei verzehrten sie ihre Rationen keineswegs roh, wie zunächst in der Presse kolportiert wurde. Anderson bevorzugte seine Mahlzeiten „medium", Stefansson dagegen „well done", also durchgebraten. Auf Eier, Milch und Milchprodukte wurde verzichtet; doch bestand ihre tägliche Ernährung ausschließlich aus tierischen Pro-

Tab. 3 Fortsetzung

dukten: Rindersteaks, Koteletts vom Schwein, sowie Hirn, das in zerlassenem Schinkenfett gebraten wurde. Darüber hinaus wurden gekochte Rippchen verzehrt, Hühnerfleisch, Fisch, Leber und Schinken [21].

Beide Männer pendelten sich schnell bei einer Nährstoffverteilung von 75% Fett und 25% Fleisch ein. Im Durchschnitt verzehrten sie „ein Pfund und ein Drittel [Pfund] Mageres am Tag, sowie ein halbes Pfund Fett." [21] Dabei muß bedacht werden, daß auch mageres Fleisch Fett enthält. 1 US-Pfund entspricht 454 g; die tägliche Bilanz belief sich also auf 605 g mageres Fleisch und 227 g Fett. Je nach Art kann für mageres Fleisch 100-200 kcal. pro 100 g angesetzt werden, für das Fett 700-900 kcal. pro 100 g; im Durchschnitt verzehrten Stefansson und Anderson damit 2.723 kcal. pro Tag. Stefansson betonte, daß man bei einer Ernährung, die allein aus Fleisch besteht, „...unbedingt Fett mit Magerem [Fleisch] verzehren muß, sonst wird man krank und stirbt." [21]

Nach etwa sechs Wochen verließ Stefansson tagsüber das Hospital, um seinen Geschäften nachzugehen. Auch Anderson blieb nicht die gesamte Zeit im Krankenhaus. Bei ihren Ausflügen waren sie aber ständig in Begleitung eines wissenschaftlichen Mitarbeiters; zu den Mahlzeiten und den täglichen Untersuchungen kehrten beide stets in das Bellevue Hospital zurück.

Nach einem Jahr, im Januar 1929, wurde das Experiment beendet. Die zu Beginn zahlreich auf den Plan getretenen Kritiker waren verstummt: Weder waren die Probanden nach einigen Wochen ohne Obst und Gemüse an Vitaminmangel verstorben, noch befanden sie sich nach einem Jahr Fleischernährung in einem beklagenswerten Zustand – das Gegenteil war der Fall; beide erfreuten sich guter Gesundheit. Stefansson, der zu Anfang etwas übergewichtig war, hatte insgesamt 10 Pfund abgenommen. Seine Ausdauer, getestet mittels regelmäßiger Läufe um das Wasserreservoir im Central Park, hatte sich gesteigert, je länger die Fleischphase dauerte. Anderson, der zuvor häufig mit Erkältungen zu kämpfen hatte, war im Verlaufe des Jahres zwar noch einige Male erkrankt, doch nahmen die Erkältungen einen leichten und kurzen Verlauf. Seine Magen-Darm-Beschwerden traten während der Fleischernährung nicht mehr auf. Kurz vor Ablauf des Experimentes zog sich Anderson eine gefährliche Lungenentzündung zu, die damals in New York grassierte; doch zum Erstaunen der Ärzte genas er viel schneller, als erwartet [21].

1.5 Die Charakteristika der Fettsäuren

Die meisten Menschen nehmen Fett als lästige Speicherform von Nahrungsenergie wahr, deren Depots bevorzugt in der Körpermitte angelegt werden. Deshalb sind sie bemüht, den Fettverzehr in engen Grenzen zu halten, sie achten auf ihre „schlanke Linie". Dabei ist die Energieversorgung nur eine von vielen Funktionen, die Fette in unserem Körper ausüben. Ohne Fettsäuren können z.B. keine Zellmembranen gebildet werden, sie dienen als Bausteine für Vitamine, Cholesterin und Hormone. Kurz gesagt, ohne Fette wäre kein Leben möglich.

Die Fette haben erst in den letzten 100 Jahren die verstärkte Aufmerksamkeit der Wissenschaft erfahren. Dabei traten besonders in den letzten 20 Jahren erstaunliche Zusammenhänge zutage: Fettsäuren tragen in hohem Maße zu unserer Gesundheit bei, der Stoffwechsel und das Immunsystem sind bei entscheidenden Prozessen auf Fettsäuren angewiesen [47]. In letzter Zeit kristallisiert sich zudem immer deutlicher heraus, daß auch Intelligenz und Verhalten des Menschen von Fettsäuren maßgeblich mitbestimmt werden. Selbst das Attention Deficit Syndrome, die verbreitete Konzentrationsschwäche und Verhaltensauffälligkeit bei Kindern, kann auf ein Ungleichgewicht bei der Fettsäurenaufnahme zurückgeführt werden [48].

Bei den Substanzen, die wir als Fette oder Öle kennen, handelt es sich um Mischungen verschiedener Fettsäuren. Diese bestehen wiederum aus unterschiedlich langen Kohlenstoffketten, an deren einem Ende eine Carboxylgruppe (COOH) angehängt ist, am anderen Ende ein Methylrest (CH3). Die Länge der Kohlenstoffkette, bzw. ob und wie viele Doppelbindungen eine Fettsäure aufweist, bestimmt ihre chemischen Eigenschaften.

Die Fettsäuren werden unterschieden in gesättigte, einfach ungesättigte und mehrfach ungesättigte. Gesättigte Fettsäuren gelten nach herkömmlicher Lehrmeinung als ungesund, da arterienverstopfend. Allein ungesättigte und mehrfach ungesättigte Fettsäuren sollen der Gesundheit dienlich sein. Diese Vereinfachung geht an der Wahrheit weit vorbei, wie oben bereits ausgeführt.

Gesättigte Fettsäuren weisen nur einfache Bindungen zwischen den Kohlenstoffatomen auf und sind daher ziemlich stabil. Bei Raumtemperatur

Tab. 4 Laurinsäure stärkt das Immunsystem

Die gesättigte Laurinsäure (C 12:0), ist eine der besten natürlichen Substanzen zur Stärkung der Abwehrkräfte des Körpers. Sowohl Laurinsäure selbst, als auch das daraus gebildete Monolaurin schützen vor Infektionen mit Viren, Bakterien und einzelligen Parasiten. Dabei sind beide Substanzen ohne Nebenwirkungen. Bereits die Muttermilch enthält Laurinsäure, um das Immunsystem des Babys zu unterstützen.

Laurinsäure wirkt gegen Viren vom Typ Herpes I und II, Epstein Barr- und Cytomegalie-Viren, sowie gegen verschiedene Influenza- (Grippe-) Viren [44]. Im Dünndarm wird aus Laurinsäure das Monolaurin gebildet, welches noch stärker gegen Mikroben wirkt: Es inaktiviert Pilze wie Candida Albicans ebenso wie Bakterien der Gattung Listeria, Staphylokokken und Streptokokken, sowie Herpesviren, Cytomegalie- und Masern-Erreger. Selbst die Vermehrung des HIV-Virus wird verlangsamt (aber nicht ganz unterbunden); das und die gute Wirkung gegen opportunistische Infektionen machen Laurinsäure zum billigsten und sichersten AIDS-Medikament. Für diesen Zweck werden 25 g Laurinsäure pro Tag empfohlen, enthalten in ca. 4 Eßlöffeln Kokosnuß-Öl [45]. Gesunde Menschen, die ihr Immunsystem stärken möchten, kommen nach Mary Enig mit 10-20 g Laurinsäure pro Tag aus [46].

Die besten Quellen für Laurinsäure sind Kokosnuß-Öl; 100 g davon enthalten etwa 50 g Laurinsäure, gefolgt von Palmkernöl (Palmkernfett, mit ebenfalls ca. 50 g pro 100 g), Kokosmilch und getrocknete Kokosnuß (Mengen von Laurinsäure im Fettanteil ähnlich dem Kokosnuß-Öl), Butter (5 g pro 100 g), Sauerrahm und Käse (bis zu 0,5 g pro 100 g). Kokosnußöl und Kokosmilch sind u.a. im Asia-Shop zu bekommen, Palmkernfett gibt es im Naturkostladen.

sind gesättigte Fettsäuren entweder zähflüssig, wie Kokosfett, oder fest wie Rindertalg. Das liegt an ihrer gleichförmigen Kettenstruktur; so lassen sich die einzelnen Moleküle dicht nebeneinander packen. Zum Kochen, Backen und Braten eignen sich Fette mit einem hohen Anteil an gesättigten Fettsäuren am besten, da sie auch bei großer Hitze stabil bleiben und kaum gesundheitsschädigende Oxidationsprodukte bilden.

Abb. 4 Aufbau einer Fettsäure

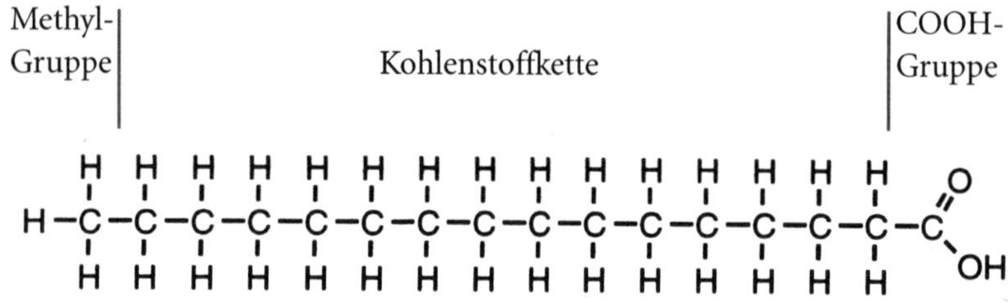

C = Kohlenstoff
H = Wasserstoff
O = Sauerstoff

Die verwirrenden Namen der Fettsäuren stammen zumeist von den Gewächsen, aus denen sie zuerst synthetisiert wurden; doch ist ihr Vorkommen nicht darauf beschränkt. Die am häufigsten vorkommende gesättigte Fettsäure, die Palmitinsäure (C 16:0) wurde zuerst aus Palmen isoliert. Sie kommt auch in hohen Anteilen im Gewebe von Säugetieren vor, besonders im Fettgewebe von Schafen und Rindern. Laurinsäure (C 12:0, von lat. Laurus = Lorbeerbaum) wurde, wie der Name nahelegt, zuerst aus den Lorbeergewächsen gewonnen, kommt aber in großen Mengen auch in Kokosöl und Palmfett vor. Kakaobutter ist besonders reich an Stearinsäure (C 18:0); Pate stand hier das griechische Wort für Rindertalg. Tatsächlich kommt die Stearinsäure in fast allen pflanzlichen und tierischen Fetten vor [47].

Schon diese kurze Aufzählung zeigt, daß viele unserer Ansichten über Fette schlicht falsch sind. Tierisch ist nicht gleich „schlecht", pflanzlich nicht automatisch „gut". So gilt tierisches Fett in Form des Fettrandes am Steak als ungesund, weil es angeblich aus gesättigten Fettsäuren besteht. Tatsächlich enthält Rinderfett aber fast ebensoviel ungesättigte Fettsäuren, wie gesättigte [49]. Ein Stück hochwertige Schokolade, gekennzeichnet durch den hohen Gehalt an rein pflanzlicher Kakaobutter, enthält dagegen fast so viele gesättigte Fettsäuren (Stearinsäure), wie ein Stück Rindertalg gleicher Größe.

Abb. 5 Fettsäuren: Gesättigte, ungesättigte & Omega-Klassifizierung

Gesättigt: **Stearinsäure, C 18:0** = 18 Kohlenstoffatome,
0 Doppelbindungen

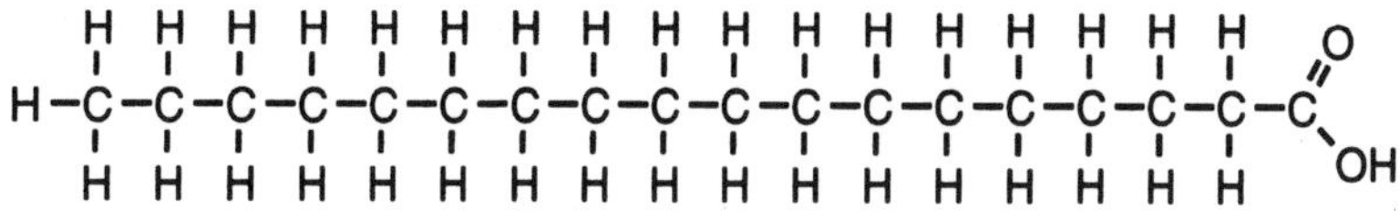

Einfach ungesättigt: **Ölsäure, C 18:1n-9** = 18 Kohlenstoffatome,
1 Doppelbindung

Omega-9

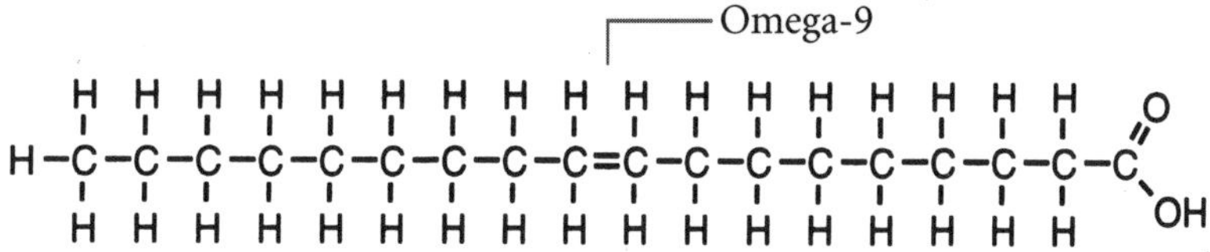

Mehrfach ungesättigt: **Linolsäure, C 18:2n-6** = 18 Kohlenstoffatome,
2 Doppelbindungen

Omega-6

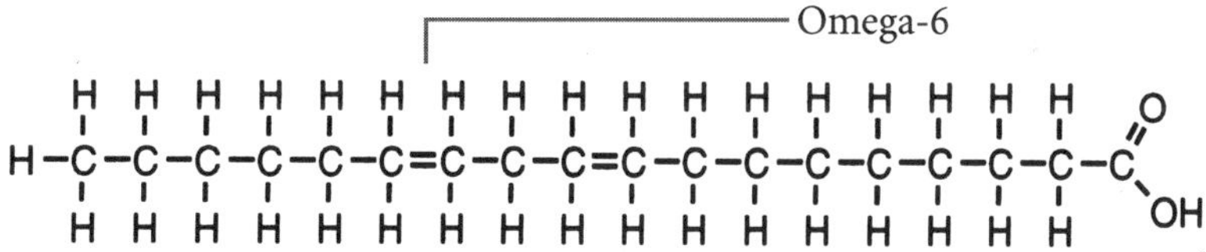

Mehrfach ungesättigt: **alpha-Linolensäure, C 18:3n-3** = 18 Kohlenstoffatome,
3 Doppelbindungen

Omega-3

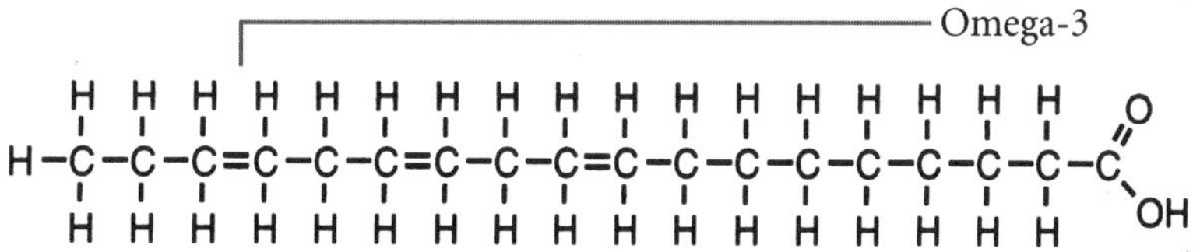

Die Omega-Klassifizierung der Fettsäuren erfolgt, indem das C-Atom mit der ersten Doppelbindung, gezählt vom Methylrest links, angegeben wird.

Tab. 5 Fettsäuren und ihre natürlichen Quellen

Fettsäure	Kurzbezeichnung	Schmelzpunkt in Grad	Vorkommen
Buttersäure	C- 4:0	-8	Milchfett
Capronsäure	C- 6:0	-2	Milchfett, Kokosfett
Caprylsäure	C- 8:0	16	Kokosfett, Palmfett, Milchfett
Caprinsäure	C-10:0	31	Kokosfett, Palmfett, Milchfett
Laurinsäure	C-12:0	44	Kokosfett, Palmfett, Butter
Myristinsäure	C-14:0	54	Schweinefett, Milchfett
Palmitinsäure	C-16:0	63	Tierische & pflanzliche Fette
Stearinsäure	C-18:0	70	Tierische & pflanzliche Fette
Arachinsäure	C-20:0	76	Erdnußöl, Milchfett
Behensäure	C-22:0	80	Behennußöl*, Cerebroside**
Lignocerinsäure	C-24:0	84	Cerebroside, Phosphatide***
Cerotinsäure	C-26:0	87	Bienenwachs, Wollfett
Palmitoleinsäure	C-16:1n-9	1	Fischöle, Tierfette
Ölsäure	C-18:1n-9	13	Tierische & pflanzliche Fette
Linolsäure	C-18:2n-6	- 6	Distel-, Maiskeimöl, Phosphatide
alpha-Linolensäure	C-18:3n-3	-11	Leinöl, Rapsöl, Phosphatide
Arachidonsäure	C-20:4n-3	-50	Tierisches Fett, Phosphatide
EPA	C-20:5n-3	-54	Fischöl, tier. Fett (bei Grünfutter)
DHA	C-20:6n-3	-60	Fischöl, tier. Fett (bei Grünfutter)

* Behennuß: Ölhaltige Frucht eines ostindischen Baumes

** Cerebroside: Fette, die in weißer Hirnsubstanz und Nervenzellen vorkommen.

*** Phosphatide: Fette, die am Aufbau der Zellmembranen des Körpers beteiligt sind, dazu zählen z.B. die Lecithine

Einfach ungesättigte Fettsäuren weisen eine Doppelbindung zwischen den Kohlenstoffatomen auf. „Doppelbindung“ klingt stabil, doch in der Realität ist diese Doppelbindung das schwache Glied. Hier reagiert die Fettsäure als erstes auf Umwelteinflüsse, wie z.B. Sauerstoff; als Folge zerfällt die Fettsäure und es bilden sich freie Radikale.

Bei Raumtemperatur sind (einfach oder mehrfach) ungesättigte Fettsäuren flüssig. Die bekannteste einfach ungesättigte Fettsäure ist die Ölsäure (C18:1n-9), zuerst gewonnen aus dem Olivenbaum (in der Bibel häufig „Ölbaum“ genannt). Allerdings kommt Ölsäure im Fett von Schafen und Rindern ebenso vor, wie beim Menschen. Das ist auch nicht verwunderlich, denn alle Säugetiere können Ölsäure aus der gesättigten Stearinsäure selbst herstellen.

Mehrfach ungesättigte Fettsäuren enthalten mehr als eine Doppelbindung. Deshalb reagieren sie noch schneller mit Sauerstoff und bleiben selbst dann noch flüssig, wenn die Raumtemperatur deutlich unterschritten wird. Ihre bekanntesten Vertreter sind Linolsäure (C 18:2n-6) und alpha-Linolensäure (C 18:3n-3). Beide wurden zunächst aus Flachs isoliert (auch Lein genannt, lat. Linum), daher die Namensgleichheit. Nur grüne Pflanzen besitzen die Eigenschaft, diese beiden für den Menschen unentbehrlichen Fettsäuren aus gesättigten Fettsäuren herzustellen.

Einfach und mehrfach ungesättigte Fettsäuren werden auch als Omega-3, -6 oder -9 Fettsäuren bezeichnet. Ausschlaggebend ist die Stelle im Fettsäurenmolekül, vom Methylende her gezählt, an der die erste Doppelbindung auftritt (siehe Abb. 5).

1.6 Fettsäuren im Eicosanoid-Stoffwechsel

Der Mensch erhält Linol- und alpha-Linolensäure sowohl aus pflanzlichen Produkten, als auch deren Folgeprodukte aus dem Fett der Tiere, die sich von grünen Pflanzen ernähren. Die Omega-6 Fettsäure Linolsäure kann im menschlichen Organismus weiterverarbeitet werden, um die wichtige, mehrfach ungesättigte Arachidonsäure (C 20:4n-6) zu gewinnen. Bei der alpha-Linolensäure handelt es sich um eine pflanzliche Omega-3-Fettsäure, die der Mensch zu geringen Teilen nutzen kann: Etwa 10 % werden zu den Omega-3-Fettsäuren Eicosapentaensäure (C 20:5n-3, abgekürzt: EPA) und Docosahexaensäure (C 20:6n-3, abgekürzt: DHA) umgebaut. Dabei ist die Umwandlungsrate abhängig davon, wieviel Linolsäure verzehrt wird: 10 % Umwandlung kann erwartet werden, wenn das Verhältnis von Linolsäure zu alpha-Linolensäure 4:1 nicht übersteigt. Bei einer höheren Linolsäure-Zufuhr sinkt die Umwandlungsrate von alpha-Linolensäure zu EPA und DHA bis auf 5 %, also die Hälfte, ab [50].

Wie schon erwähnt, ist der Mensch aber nicht unbedingt auf pflanzliche Nahrung angewiesen. Schließlich steht er am Ende der Nahrungskette und nimmt mit dem Fleisch und Fett der verzehrten Pflanzenfresser wichtige Fettsäuren in konzentrierter Form auf. So liefert tierisches Fett dem Menschen in größeren Mengen „gebrauchsfertige" mehrfach ungesättigte Fettsäuren: Arachidonsäure, DHA und EPA, sowie, in kleineren Mengen, auch die Vorstufen Linol- und Linolensäure.

Die Hauptversorgung mit diesen wichtigen Fettsäuren ist in früherer Zeit über tierische Nahrungsmittel, sprich Fleisch und Fett, geschehen. Unsere Vorfahren müssen überreichlich damit versorgt gewesen sein. Vermutlich deshalb hat der Mensch im Laufe der Evolution die Fähigkeit verloren, die für ihn lebensnotwendige Linol- und alpha-Linolensäure selbst herzustellen (wenn er sie je besessen hat). Auch die beim Menschen wenig effiziente Umwandlungsrate von alpha-Linolensäure in EPA und DHA spricht für diese These.

EPA und DHA haben spezifische Aufgaben im Organismus. So ist DHA unersetzlich für die Entwicklung des Säuglings; die Muttermilch enthält im günstigsten Fall, d.h. wenn sich die Mutter korrekt ernährt, hohe Anteile dieser Fettsäure. Damit wird die Sehschärfe des Säuglings ebenso gefördert, wie die Entwicklung des Gehirns [51]. DHA ist besonders konzentriert in der Netzhaut des Auges zu finden (13,5 % der Fettsäuren in den Zellmembranen), ebenso in den Zellmembranen des Gehirns, wo sie mit 70 % sogar die vorherrschende Fettsäure darstellt.

Beide, sowohl EPA, als auch DHA, werden zum Aufbau der Membranen in allen Zellen benötigt. Dabei finden sich auch hohe Konzentrationen in den

Zellen der Leber, sowie in den weißen und roten Blutkörperchen. Ein hoher Anteil dieser Omega-3 Fettsäuren in der Zellmembran macht diese flexibler; so läßt sich z.B. die „Außenhaut“ der roten Blutkörperchen leichter verformen und die Blutkörperchen können sich besser durch sehr feine Blutgefäße „zwängen“, was die Sauerstoffversorgung und den Nährstofftransport in den Geweben verbessert.

EPA und Arachidonsäure bilden beim Menschen die Vorstufe zur Herstellung von Eicosanoiden. Die Bezeichnung „Eicosanoide“ dient als Oberbegriff für eine sehr große Zahl von Verbindungen, die im Körper hormonähnliche Wirkungen ausüben. Dazu zählen Prostaglandine, Tromboxane, Prostacycline, Leukotriene, Lipoxine und andere; ihre spezifischen Wirkungen im Einzelnen zu erläutern würde zu weit führen. So wirken z.B. Eicosanoide, die aus Arachidonsäure gebildet werden, entzündungsfördernd, während jene, die aus EPA gebildet werden, entzündungshemmend wirken. Für eine ordnungsgemäße Funktion des Organismus sind aber zwingend immer beide Eicosanoide vonnöten; über Gesundheit oder Krankheit entscheidet das Mengenverhältnis zueinander.

Jahrzehntelang galt die Devise, möglichst viel „gesunde“ Linolsäure zu verzehren; pflanzliche Öle wie Distel- und Sonnenblumenöl wurden dafür empfohlen. Heute weiß man, daß Linolsäure aus der Nahrung über die Arachidonsäure zur Bildung von Eicosanoiden führt, welche zur Oxidation von LDL-Cholesterin führen; damit wird die Arteriosklerose gefördert. Weiterhin begünstigen diese Eicosanoide die Verklumpung des Blutes; so werden vermehrt Herzinfarkte und Schlaganfälle ausgelöst. Obendrein hemmen sie das Immunsystem und erhöhen auf diese Weise die Anfälligkeit für Infektionen und chronische Erkrankungen. Alpha-Linolensäure dagegen führt im Körper über EPA zur Bildung von Eicosanoiden, welche entzündungshemmende und immunstimulierende Wirkungen ausüben und der Verklumpung des Blutes entgegenwirken. Um nicht mißverstanden zu werden: Linolsäure ist eine essentielle Fettsäure, doch zuviel davon bringt den Eicosanoid-Stoffwechsel durcheinander.

Die Bedeutung der meist nur sehr kurzlebigen Eicosanoide kann gar nicht hoch genug eingeschätzt werden: Allein die Verbindungen aus der

Abb. 6 Natürliche Quellen der wichtigsten mehrfach ungesättigten Fettsäuren und ihre Umwandlung in Eicosanoide (nach Singer [52])

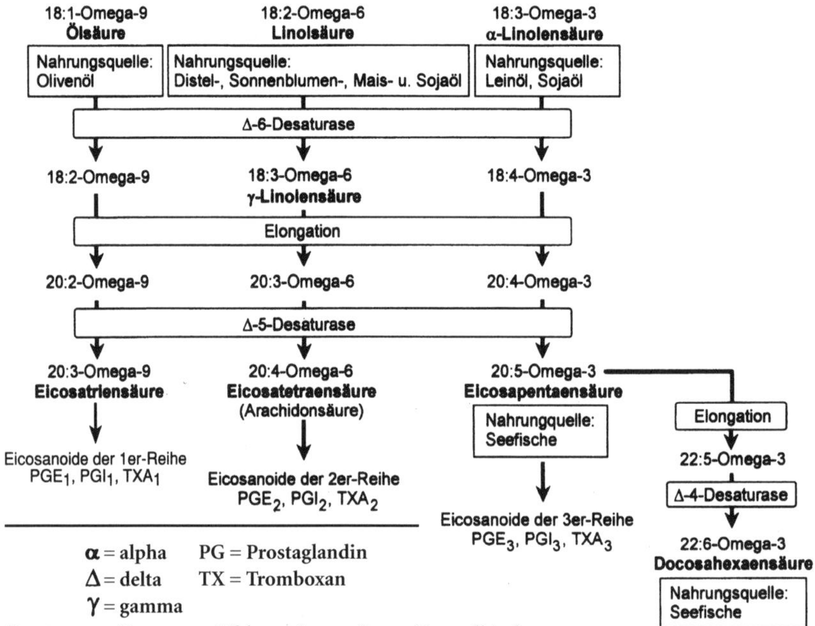

Desaturase = Enzym zur Bildung einer weiteren Doppelbindung
Elongation = Verlängerung der Fettsäurekette um zwei weitere Kohlenstoffatome

Die Umwandlung der ungesättigten Fettsäuren in Eicosanoide erfordert sowohl das „Einflechten" von neuen Doppelbindungen mittels Desaturase-Enzymen als auch eine Verlängerung der Kohlenstoffkette. Die Eicosanoid-Gewinnung aus Omega-9 Fettsäuren (links) wird als unproblematisch betrachtet. Doch Omega-6 Fettsäuren (Mitte) und Omega-3 Fettsäuren (rechts) konkurrieren miteinander: Eine hohe Zufuhr von Omega-6 Fettsäuren aus pflanzlichen Ölen führt zur Überproduktion von Eicosanoiden der 2er-Reihe. Deren Prostaglandine und Tromboxane wirken entzündungsfördernd. Die aus Eicosapentaensäure (EPA) hergestellten Eicosanoide der 3er-Reihe wirken dagegen immunstimulierend und fördern Heilungsprozesse. Beide, sowohl EPA, als auch Docosahexaensäure (DHA) können in geringen Mengen aus pflanzlicher alpha-Linolensäure gewonnen werden; als viel wirksamer erweist sich aber die Zufuhr in tierischer Form über Seefische, Innereien, Wild, sowie Fleisch und Fett grasgefütterter Nutztiere. Ein Detail am Rande: Bei alpha-Linolensäure handelt es sich um eine Omega-3 Fettsäure, bei gamma-Linolensäure dagegen um eine Omega-6 Fettsäure.

Tab. 6 Gehalt an ungesättigten Fettsäuren diverser Öle [52]

Ölsorte	Ölsäure C18:1 omega-9	Linolsäure C 18:2 omega-6	α-Linolensäure C 18:3 omega-3	Eicosapentaensäure C 20:5 omega-3	Docosahexaensäure C 22:6 omega-3
Olivenöl	70	10	0	0	0
Sonnenblumenöl	15	75	1	0	0
Maisöl	30	60	1	0	0
Leinöl	20	20	60	0	0
Lebertran	25	2	1	12	8
Fischöl	15	2	1	18	12

Angaben in Prozent; Werte nach Analysen von Singer [52]. Die Summen ergeben nicht immer 100%, da noch andere Fettsäuren in den Ölen enthalten sind, die hier nicht aufgeführt werden. Wie deutlich zu erkennen, enthalten Sonnenblumen- und Maisöl die höchsten Gehalte an Linolsäure (Omega-6), daher sollten diese Speiseöle nach Möglichkeit gemieden werden (ebenso wie Distel- und Sojaöl, weitere Hauptlieferanten für Linolsäure). Leinöl dagegen weist ein sehr viel besseres Fettsäurenmuster auf: Das Verhältnis von Omega-6 (Linolsäure) zu Omega-3 (alpha-Linolensäure) beträgt 1:3. Mit ein oder zwei Eßlöffeln Leinöl pro Tag kann einem durch Fleischverzehr vorhandenen Übergewicht von Omega-6 Fettsäuren entgegengewirkt werden, wenn gleichzeitig auf die zuvor genannten Speiseöle verzichtet wird.

Gruppe der Prostaglandine beeinflussen den Blutdruck schon in geringsten Konzentrationen. Sie wirken auf die Herzfrequenz ebenso nachhaltig wie auf das Schmerzempfinden. In der Einleitung einer aktuellen Übersichtsarbeit heißt es entsprechend: „Nur wenige biologische Vorgänge sind für die umfassende Gesundheit von Mensch und Tier von größerer Bedeutung als der Eicosanoid-Stoffwechsel.“ [53] Neue Untersuchungen konzentrieren sich mittlerweile darauf, daß Fettsäuren auch selbst als Botenstoffe dienen können, indem sie z.B. die Zellantwort auf externe Reize vermitteln. Darüber hinaus beeinflussen mehrfach ungesättigte Fettsäuren aus der Nahrung offensichtlich auch die Umsetzung von Gen-Informationen.

Dieser kurze Ausflug in die Chemie der Fettsäuren hat Sie hoffentlich dazu gebracht, Fette mit anderen Augen zu sehen: Weder sind sie nur schlichte Kalorienlieferanten für Schwerarbeiter, noch stehen sie als „Dickmacher“ dem verbreiteten Schönheitsideal im Wege. Weit gefehlt: Die Fette, die wir verzehren, sind ursächlich verantwortlich für das Funktionieren unseres Körpers. Sie bestimmen über Intelligenz und Sehschärfe, sorgen für ein gut arbeitendes Immunsystem und optimale körperliche Leistungsfähigkeit.

1.7 Zivilisationskrankheiten durch die falschen Fette

Die Omega-3 Fettsäuren EPA und DHA sind besser als „Fischöle“ bekannt; eine irreführende Bezeichnung, die eine traurige Wahrheit verbirgt: Tatsächlich finden sich diese beiden wichtigen Fettsäuren in nennenswerter Menge nur noch im Fettgewebe von räuberischen Kaltwasserfischen (Thunfisch, Makrele, Hering, wilder Lachs), die sie ihrerseits durch den Verzehr von planktonfressenden, kleinen Meeresbewohnern anreichern.

Eigentlich handelt es sich bei beiden um lebenswichtige „Menschenöle“, denn bevor damit begonnen wurde, die Tierhaltung von Grünfutter und Weidehaltung auf Getreidemast umzustellen, war das Verhältnis von Omega-6 zu Omega-3 Fettsäuren im Fleisch von Rindern, Schweinen und Geflügel nahezu ausgeglichen (1:1 bis 2:1). Die Tiere verwandelten die alpha-Linolensäure aus Gras und grünen Pflanzen in EPA und DHA und reicherten beide Fettsäuren in ihren Geweben an. Ein Stück Rindfleisch, ein Eigelb oder ein Löffel Schmalz enthielten jeweils enorme Mengen der wertvollen Omega-3 Fettsäuren. Menschen, die sich mit diesen Lebensmitteln ernährten, hatten ein viel günstigeres Verhältnis von Omega-6 zu Omega-3 Fettsäuren im Körper. Am optimalsten waren die Jäger und Sammler damit versorgt, bei denen der Fleisch- und Fettverzehr sehr hoch gelegen hat. So war es von der Natur vorgesehen und unsere Vorfahren haben Hunderttausende von Jahren gut damit gelebt. Abbildung 7 zeigt, welche Veränderungen im Fettverzehr in den letzten 100 Jahren stattgefunden haben.

Durch die Mast mit billigem Getreide und Mais, die Omega-6 Fettsäuren im Übermaß liefern, beträgt das Verhältnis von Omega-6 zu Omega-3

Abb. 7 Fettverzehr und anteilige Fettsäuren in der Menschheitsgeschichte (nach [50])*

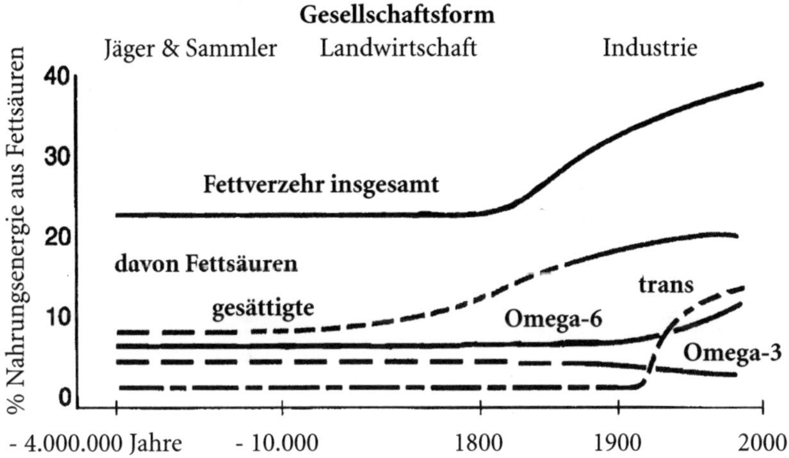

Hypothetisches Schema des Anteils der Fette an den Gesamtkalorien, sowie der Anteile der verschiedenen Fettsäuren am Gesamtfettverzehr im Laufe der Menschheitsgeschichte. Grundlage hierfür waren Studien der Ernährungsgewohnheiten in primitiven Jäger- und Sammler-Gesellschaften, die in den letzten 100 Jahren durchgeführt wurden. Der Anteil industriell hergestellter *trans*-Fettsäuren ist im Verlauf des letzten Jahrhunderts dramatisch angestiegen, ebenso der Anteil der Omega-6 Fettsäuren. Gleichzeitig fiel der Anteil der Omega-3 Fettsäuren in der Ernährung.

* Anm. des Verfassers: Zur Veranschaulichung, wie sich das Verhältnis der Fettsäuren zueinander entwickelt hat, ist diese Grafik gut geeignet. Doch ist der Gesamt-Fettverzehr zu Zeiten der Jäger und Sammler viel zu gering dargestellt. Andere Quellen berichten von einem großzügigen Verzehr der fetthaltigen, inneren Organe bei frühen Menschen [15,18] ebenso wie bei modernen Jägern und Sammlern [20,40,42].

Fettsäuren im Fleisch von Zuchttieren heute nach deutschen Angaben nur noch 10:1-20:1 [54], amerikanische Quellen sprechen gar von Verhältnissen von 20:1-30:1 [50]. Selbst die meisten Bio-Bauern schenken diesem

Tab. 7 Gehalt ausgewählter Fischarten an Omega-3 Fettsäuren [57]

100 g	enthalten Omega-3 Fettsäuren	100 g	enthalten Omega-3 Fettsäuren
• Hering	3,70 g	• Karpfen	0,80 g
• Lachs	2,50 g	• Forelle	0,50 g
• Makrele	1,63 g	• Barsch und Schleie	0,14 g

Umstand zuwenig Beachtung: Auch wenn sie ihre Tiere mit selbst angebauten Feldfrüchten und z.T. mit Gras-Silage ernähren, so wird auch hier viel Getreide und Soja gefüttert, eine weitere Quelle für Omega-6 Fettsäuren.

Werden die Tiere dagegen auf der Weide gehalten, wo sie Gras fressen, so entsteht in ihrem Fleisch die natürliche, optimale Fettsäurezusammensetzung. Eine aktuelle Untersuchung belegt, daß durch Weidehaltung bei „Deutschen Holstein"-Ochsen und „Deutschen Fleckvieh"-Bullen der Anteil von Omega-3 Fettsäuren fast vervierfacht wird; das Verhältnis von Omega-6 zu Omega-3 Fettsäuren im Fleisch beträgt dann optimale 1,5:1. Die Autoren kommen zu folgenden Ergebnissen: „Bezogen auf den Menschen lassen die Ergebnisse den Schluß zu, daß beim Verzehr von 100 g dieses Muskelfleisches etwa 70–100 mg Omega-3 Fettsäuren aufgenommen werden..." und „Die positiven Wirkungen von Omega-3 Fettsäuren für die Gesundheit des Menschen lassen sich durch den Verzehr von Fleisch mit einem verbesserten n-6/n-3 Quotienten erreichen – und das ganz ohne die Einnahme von Fischölkapseln..." Die Studie bestätigt, daß auch bei Schafen der Omega-3 Gehalt des Fleisches durch Grünfütterung verdreifacht wird [54].

Bei Schweinen läßt sich durch nur geringen Grünfutter-Anteil der Gehalt von Omega-3 Fettsäuren im Fleisch deutlich steigern; werden nur 10 % der Futtermenge als Gras-Silage gegeben, erhöht sich der Anteil von alpha-Linolensäure im Rückenspeck um ein Drittel [55]. Eine andere Untersuchung ergab, daß allein die Zugabe von 2,5 % Linolensäure im Futter von Schweinen zu Linolensäuregehalten von 9,4 % im Rückenspeck führten [56]. Bei Hühnern, deren Futter mit Grünalgen und Fischöl angereichert wurde, ergaben sich deutlich höhere Werte an Omega-3 Fettsäuren als bei Tieren mit Normalfütterung [57].

Es ist also weder aufwendig, noch besonders teuer, unser Fleisch wieder in ein „gesundes" Lebensmittel zu verwandeln. Auch das Argument, mit einem erhöhten Anteil an mehrfach ungesättigten Fettsäuren würde das Fleisch schneller verderben (die Omega-3 Fettsäuren reagieren besonders schnell mit Sauerstoff, werden „ranzig") läßt sich leicht widerlegen: Ein höherer Vitamin E-Gehalt des Fleisches verlängert die Haltbarkeit des Fleisches deutlich, da das antioxidative Vitamin die Fettsäuren vor dem Verfall schützt [58]. Dafür ist noch nicht einmal eine Supplementierung erforderlich. Die Umstellung auf Grasfütterung allein reicht schon aus, um den Vitamin-E Gehalt des Fleisches zu erhöhen.

Selbst wenn nicht alle Rinder grasgefüttert werden können, alle Schweine wieder als Weidetiere gehalten werden, oder alle Hühner frei laufen und picken dürfen, so besteht doch die Möglichkeit, sie mit Zusätzen von Gras, Algen oder Leinöl zu versorgen. „Vögel, Fische und Säugetiere entwickeln einen Mangel an Omega-3 Fettsäuren, wenn ihre Ernährung zuwenig Omega-3 Fettsäuren enthält und wir entwickeln einen Mangel an Omega-3 Fettsäuren, wenn wir ihr Fleisch verzehren. Wir sollten unser Fleisch wieder von Omega-3 gefütterten Tieren beziehen..." [59]. Dieser Forderung des US-Wissenschaftlers Ralph T. Holman kann ich mich nur anschließen.

Die Dimension des Problems erschließt sich erst zur Gänze, wenn man bedenkt, das wir nicht nur beim Fettsäurenverzehr bereits ein großes Ungleichgewicht haben; das Mißverhältnis verschlechtert sich nach der Verdauung noch weiter. Denn Omega-6 und Omega-3 Fettsäuren konkurrieren auch noch um das gleiche Enzymsystem im menschlichen Körper. Die im Übermaß aufgenommenen Omega-6 Fettsäuren aus billigen pflanzlichen Ölen und aus durch Getreidemast erzeugtem Fleisch blockieren teilweise das für die Weiterverarbeitung der lebenswichtigen Omega-3 Fettsäuren notwendige Enzym Delta-6-Desaturase. Obwohl dieses Enzym bevorzugt

Tab. 8 Angemessene Aufnahme* von Fettsäuren für Erwachsene (nach ISSFAL [60])**

Fettsäure	Gramm pro Tag, bei 2000 kcal.	% der Gesamtenergie
Linolsäure	4.44	2.0
(Obergrenze)(1)	6.67	3.0
Alpha-Linolensäure	2.22	1.0
EPA (2) + DHA (3)	0.65	0.3
DHA (4) Minimum	0.22	0.1
EPA Minimum	0.22	0.1
trans-Fettsäuren (Maximum)(5)	2.00	1.0
Gesättigte Fettsäuren (Maximum) (6)	-.-	<8.0
Einfach ungesättigte Fettsäuren (7)	-.-	-.-

Anmerkungen zur Tabelle (nach ISSFAL [60])

1. Obwohl diese Empfehlungen lediglich als „angemessene Aufnahme" verstanden werden sollen, war die Arbeitsgruppe der Ansicht, daß die wissenschaftliche Grundlage ausreicht, um bei einer Ernährung mit 2000 kcal. pro Tag für Linolsäure eine Obergrenze von 6,67 Gramm pro Tag anzugeben.
2. EPA - Eicosapentaensäure, C 20:5; Omega-3
3. DHA - Docosahexaensäure, C 22:6; Omega-3
4. Für Schwangere und stillende Frauen sollten es 300 mg DHA pro Tag sein.
5. Mit Ausnahme von Milchprodukten [sowie Körperfett von Wiederkäuern, Anm. des Verfassers] enthalten natürliche Lebensmittel keine *trans*-Fettsäuren. Die Arbeitsgruppe empfiehlt, keine *trans*-Fettsäuren zu verzehren, die durch künstliche Härtung (Hydrogenisierung) oder durch wiederholtes, hohes Erhitzen entstanden sind (Fritierfett).
6. Gesättigte Fette sollten nicht mehr als 8 % der Gesamtkalorien pro Tag ausmachen.
7. Die Arbeitsgruppe empfiehlt, die Mehrzahl der Fette in Form einfach ungesättigter Fettsäuren (Ölsäure, bzw. Olivenöl) aufzunehmen. Der Fettanteil der Ernährung wird bestimmt durch die Kulturen und Ernährungsgewohnheiten der Völker, wobei die Gesamtfettaufnahme zwischen 15-40 % der Kalorien schwankt.

Tab. 8 Fortsetzung

* Angemessene Aufnahme: Wenn die wissenschaftlichen Belege noch nicht ausreichen, um den Durchschnittsbedarf zu errechnen, so wird ein Begriff wie „angemessene Aufnahme“ statt einer „empfohlenen Tagesmenge“ verwendet. Als Grundlage zur Errechnung der angemessenen Aufnahme dienen die Nährstoffmengen, die gesunde Menschen verzehren.

**Anmerkung des Autors: ISSFAL steht für „International Society for the Study of Fatty Acids and Lipids“, zu deutsch „Internationale Gesellschaft zur Untersuchung von Fettsäuren und Lipiden“. Darin sind führende Köpfe der internationalen Lipid-Forschung versammelt, allen voran Artemis Simopoulos, die sich mit bahnbrechenden Untersuchungen zu den Omega-3 Fettsäuren einen Namen gemacht hat. So revolutionär die Ansichten der ISSFAL dem Interessierten erscheinen mögen, es muß doch bedacht werden, daß es sich bei ihnen keinesfalls um Verfechter einer High-Fat Diät, bzw. der ketogenen Ernährung handelt.

Interessant ist, daß hier erstmalig eine Obergrenze für Linolsäure ausgesprochen wird, sowie ein Bedarf für EPA und DHA. Wenn unterstellt wird, daß ca. 10 % der Alpha-Linolensäure in EPA, bzw. DHA umgewandelt wird, dann läge das Verhältnis von Omega-6 (6,67 g) zu Omega-3 (0,22 + 0,65 = 0,87 g) bei etwa 7:1. Das ist zwar schon erheblich besser als der Durchschnitt, aber noch nicht optimal. Es scheint so, als wenn sich die ISSFAL langsam an höhere Empfehlungen für Omega-3 Fettsäuren herantasten möchte, denn eine Obergrenze für diese Fettsäuren wurde nicht definiert.

Die absolute Höhe des Fettgehalts der Ernährung (15-40 % der Gesamtkalorien) folgt übrigens den Standard-Empfehlungen, wenig Fett zu verzehren und sollte nicht zu ernst genommen werden. Von weit größerer Bedeutung ist die korrekte Balance der Omega-6 zu Omega-3 Fettsäuren, sowie der Verzicht auf industrielle *trans*-Fettsäuren.

die Omega-3 Fettsäuren bedient, wird allein schon wegen der hohen Zufuhr von Omega-6-Vertretern zuviel Arachidonsäure gebildet und damit zu viele Eicosanoide aus dieser Vorstufe, während die nötigen Gegenspieler, jene Eicosanoide, die aus der Omega-3 Fettsäure EPA entstehen, weit ins Hintertreffen geraten.

Durch einen solchermaßen gestörten Eicosanoid-Stoffwechsel können auf längere Sicht ernste Erkrankungen auftreten. So werden heute chronische Entzündungsprozesse wie Rheuma und Arthritis, arterielle Plaques und Bluthochdruck sowie die daraus folgende Degeneration des Blutgefäßsystems, Prädisposition für Infektionskrankheiten durch Schwächung des Immunsystems, ja sogar die Begünstigung von Krebszellen auf ein Eicosanoid-Ungleichgewicht zurückgeführt.

Neben diesen Organerkrankungen scheint ein falsches Verhältnis von Omega-6 zu Omega-3 Fettsäuren, in Verbindung mit einer viel zu niedrigen Aufnahme von DHA, auch neurologische Erkrankungen wie z.B. Depressionen auszulösen. Es gilt als gesichert, daß in Ländern mit hohem Fischverzehr (und damit einer hohen Aufnahme von Omega-3 Fettsäuren) weniger Fälle von Depressionen auftreten. Dabei sind auch die Ausmaße dieses Problems so immens, daß namhafte Wissenschaftler wie die Eatons von mehr „verlorenen Jahren" der Weltbevölkerung durch Depressionen sprechen, als durch Herzinfarkte, Lungenkrebs und AIDS zusammen [16].

Das verschlechterte Verhältnis von Omega-6 zu Omega-3 Fettsäuren ist nur einer von vielen Nachteilen der industriellen Tierernährung. So sinkt bei Getreidefütterung auch der Anteil an konjugierter Linolsäure (Conjugated Linoleic Acid, CLA) in Rindfleisch und Kuhmilch. CLA kommt in mehreren Varianten vor, diese stärken das Immunsystem, wirken antikatabol und antikanzerogen und senken den Triglyzerid-, sowie den Blutzuckerspiegel. Dabei wirkt CLA in der Form *cis-9, trans-11* (das Molekül hat eine *cis*-Doppelbindung am 9. Kohlenstoffatom und eine *trans*-Doppelbindung am 11.) gegen Krebserkrankungen der Brust, der Prostata, des Magen-Darm-Traktes, sowie von Lunge und Haut; *trans-10, cis-12* CLA dagegen wirkt fettabbauend [61]. Darüber hinaus hat CLA im Tierversuch deutliche Wirkungen gegen Arteriosklerose gezeigt [62].

Das CLA im Milchfett besteht zu 92 % aus der krebshemmenden *cis-9, trans-11* Variante, im Rinderfett liegen 78 % des CLA in dieser Form vor. Pro Gramm Fett enthält Kuhmilch im Durchschnitt 4 mg CLA, Rinderfett etwa 3,5 mg. Durch Weidehaltung läßt sich der CLA-Gehalt im Rinderfett um bis zu 550 % steigern [61]. Somit würde artgerecht – durch Weidehaltung, bzw. Grünfütterung – erzeugtes Rindfleisch einen hervorragenden, unkomplizierten und nebenwirkungsfreien Schutz vor Krebs abgeben. Auch das Fett von Schafen enthält CLA; die höchsten Gehalte findet man in der Leber von

Tab. 9 Tägliche Zufuhr von Fettsäuren in Anlehnung an die von der ISSFAL vorgeschlagenen Mengen*

Fettsäure	Anzuratende Aufnahme in Gramm pro Tag, bei **2000 kcal.**	**3000 kcal.**	**4000 kcal.**	**5000 kcal.**
Linolsäure	4,4 g	6,7 g	8,8 g	11,1 g
(Obergrenze)	6,7 g	10,0 g	13,3 g	16,7 g
Alpha-Linolensäure	2,2 g	3,3 g	4,4 g	5,6 g
EPA + DHA	0,7 g	1,0 g	1,3 g	1,6 g
DHA (Minimum)	0,2 g	0,3 g	0,4 g	0,6 g
EPA (Minimum)	0,2 g	0,3 g	0,4 g	0,6 g
Industr. *trans*-Fettsäuren (Max.) (1)	0,0 g	0,0 g	0,0 g	0,0 g
Gesättigte Fettsäuren (2)	18,0 g	27,0 g	36,0 g	45,0 g
Einfach ungesättigte Fettsäuren (3)	- -	- -	- -	- -

Anmerkungen zur Tabelle

* Tägliche Zufuhr von Fettsäuren in Gramm in Anlehnung an die von der ISSFAL in Tab. 8 vorgeschlagenen Mengen; berechnet für Diäten von 2000-5000 kcal. pro Tag.

1. Für industrielle *trans*-Fettsäuren sollte die Obergrenze „0“ gelten: Am besten gar nichts davon aufnehmen. Für natürliche *trans*-Fettsäuren aus Fleisch- und Milchprodukten von Wiederkäuern gilt dagegen keine Obergrenze.
2. An gesättigten Fettsäuren kann ruhig mehr aufgenommen werden; bei familiärer Hypercholesterinämie allerdings sollten diese Obergrenzen nicht überschritten werden.
3. Für einfach ungesättigte Fettsäuren (Ölsäure, Palmitoleinsäure) ist keine Obergrenze festgelegt, Verzehr nach Belieben. Für die tägliche Ernährung bedeutet das: Sparen Sie nicht am Olivenöl.

Lämmern, wenn diese mit Milch aufgezogen werden. Fleisch und Milch von Rindern aus Weidehaltung liefern überdies auch deutlich mehr fettlösliche Vitamine wie Beta-Carotin, Vitamin A und Vitamin E.

Tab. 10 Vorkommen konjugierter Linolsäure (CLA) in tierischen Nahrungsmitteln [62]

Lebensmittel	CLA-Anteil am Gesamtfettgehalt in Prozent	
	Minimum	Maximum
Milch und Milcherzeugnisse, Europa	0,40	1,70
Milch und Milcherzeugnisse, USA	0,36	0,62
Rindfleisch und Rindfleischerzeugnisse	0,11	1,20
Fisch	0,04	0,28
Pflanzenöle und Margarinen	0,01	0,05

Die Hauptquelle von CLA sind Lebensmittel tierischen Ursprungs. Milch und Milcherzeugnisse sowie Fleisch und Fleischerzeugnisse von Wiederkäuern haben die höchsten CLA-Gehalte. Zahlen für das krebshemmende CLA-Isomer C18:2 *cis-9, trans-11.*

Das Mißverhältnis von Omega-6 zu Omega-3 Fettsäuren in der Ernährung ist ein wenig beachteter Grund für das Ausufern von Zivilisationskrankheiten. Ein Mangel an CLA trägt ebenso dazu bei, wie eine Unterversorgung mit Vitaminen und Mineralien, die durch den gehäuften Verzehr von Getreideprodukten entsteht. Da liegt die Forderung nahe, unsere industrialisierte Landwirtschaft grundlegend umzustellen. Ich spreche nicht von der Käfighaltung für Legehennen, der Bullenmast in engen Verschlägen und überfüllten Transporten, die vielen Schweinen ein streßvolles Ende noch vor Erreichen des Schlachthofes bereiten. Der Verweis auf die oft rohe Behandlung der unglücklichen Kreatur ist sicher berechtigt. Doch darüber darf das Wohlergehen des Menschen nicht aus dem Blickfeld geraten.

Die Nahrungskette haben wir oben schon einmal angesprochen. Das Fleisch von Rind und Schwein dient eben nicht nur als Proteinquelle, sondern auch als Lieferant wichtiger Fettsäuren. Raten Sie einmal, welche Fettsäuren Ihnen Kalbfleisch von Tieren liefern wird, die mit „Fett-Austauschern" aufgezogen werden, da die Milch der Mutterkühe verkauft wird? Da kann man

Tab. 11 Getreidemast und EHEC

Ein weiteres Übel läßt sich auf die Getreidemast zurückführen – die Verseuchung des Fleisches mit einem neuen Krankheitserreger. Escheria coli gilt als ein harmloses Darmbakterium, doch in der verbreiteten Variante O157:H7, besser bekannt als EHEC, wird es zu einer gefährlichen Mikrobe. EHEC steht dabei als Oberbegriff für andere, gleichfalls krankmachende E.coli-Varianten wie O157:H-, O26:H11, O111:H-, O103:H2 und O145:H28.

Zu Beginn der 90er Jahre war EHEC bei nur 5 % des Rinderbestandes nachweisbar, 1997 schon bei jedem dritten Tier. Bezieht man verwandte, ebenfalls giftige Bakterien mit ein, so sind heute etwa 50 % des Rinderbestandes mit wenigstens einer EHEC-Variante befallen [63].

Eine Ursache für die Ausbreitung von E.coli O157:H7 und seiner gefährlichen Verwandten ist die Massentierhaltung, die an sich schon eine schnelle Übertragung von Krankheiten begünstigt; in erster Linie aber die nicht artgerechte Fütterung. Alle Wiederkäuer sind eigentlich Grasfresser; sie können Getreide nicht korrekt verdauen. Das artfremde Futter gärt in ihrem Darm und erzeugt ein saures Milieu. So wurde EHEC, eine gefährliche Mutation des harmlosen Darm-Bakteriums, gegen Säure resistent. Mit den Ausscheidungen von Rindern, Schafen, Ziegen gelangt das Bakterium in die Umwelt; mit Fleisch und Rohmilchprodukten kommt es in unsere Küchen. Die zähen Mikroben können dem Menschen gefährlich werden, da sie von der Magensäure nicht zerstört werden. EHEC-Infektionen verlaufen in den meisten Fällen leicht, können aber auch schwere blutige Durchfälle, Erbrechen und Fieber auslösen und in Einzelfällen durch Nierenversagen sogar zum Tode führen. Von Mensch zu Mensch wird die Krankheit vorrangig durch Schmierinfektion (z.B. Handkontakt) übertragen; EHEC-Bakterien sind mittlerweile in der Bevölkerung weit verbreitet [64].

Dabei sind unsere Nutztiere eigentlich kein typischer Wirt für EHEC; sie werden es erst durch die unselige Getreidemast. Wenn getreidegefütterte Rinder abrupt auf die Weide geschickt werden, wo sie ihre natürliche Nahrung finden, so sinkt ihr Befall mit E. Coli Bakterien in nur fünf Tagen um das 1000-fache! Und jene E. Coli Bakterien, die das überleben und ausgeschieden werden, haben einen Großteil der früheren Immunität gegen die menschliche Magensäure verloren [65]; damit steigt die Chance beträchtlich, daß die verbleibenden Keime im Magen vernichtet werden und der Mensch gesund bleibt.

nur hoffen, daß, wie bereits geschehen, nicht noch einmal altes Fritierfett an dieser Stelle eingesetzt wird. Wie steht es mit den Eiern von Hühnern, deren Industrie-Futter mit Schwerölen verseucht war? Doch auch das auf den ersten Blick unverdächtige Steak, erzeugt durch eine Getreidemast ohne Schadstoffe, liefert Ihnen heute die Fettsäuren im falschen Verhältnis: Viel zuwenig der so wichtigen Omega-3-Fettsäuren und problematische Omega-6-Fettsäuren im Übermaß; ein gestörter Eicosanoid-Stoffwechsel beim Menschen ist die Folge. So sind aus einst gesunden Lebensmitteln Risikofaktoren für viele Erkrankungen geworden.

Der Wahnsinn der industrialisierten Landwirtschaft, mit ihrer organisierten Verantwortungslosigkeit und den wettbewerbsverzerrenden Subventionen, muß aufhören. Immer wenn Politiker große Pläne schmieden, muß der Bürger skeptisch werden. Mit seinen Steuergeldern nämlich wurden bei uns in Europa über 40 Jahre lang die falschen Anreize gesetzt. Kleine und mittelgroße Höfe, die seit Jahrhunderten naturnah gewirtschaftet haben, mußten aufgeben und Agrar-Komplexen weichen, wo schiere Größe den Kurs bestimmte. Erst deren ungehemmter Einsatz von Chemie in der Landwirtschaft hat die Ökologische Bewegung auf den Plan gerufen. Doch der Streit der Ideologien, Öko gegen Industrie, verstellt den Blick auf das Wesentliche: Beide Seiten müssen umdenken und zu einer natürlichen Tierernährung zurückfinden. Und zwar, um uns mit den Nahrungsmitteln zu versorgen, die wir brauchen, um gesund zu bleiben.

Eine Alternative dazu gibt es nicht. Sich auf die Medizin und das Gesundheitssystem zu verlassen, ist vor diesem Hintergrund wenig ratsam. Ich glaube einfach nicht daran, daß angesichts des rasanten demographischen Wandels in unserer Gesellschaft die Beschwerden der alternden Menschen weiterhin mit Operationen und Medikamenten behandelt werden können, wie bisher – das ist schon heute unbezahlbar. Ganz gleich, wie gerechnet wird: Gesunde Lebensmittel sind auf jeden Fall die günstigere Alternative.

Wie Sie sich in dieser schönen neuen Welt trotzdem gesund ernähren, darauf will ich später noch eingehen. Zunächst müssen wir uns noch einem weiteren Aspekt des Fettstoffwechsels widmen, den sog. *trans*-Fettsäuren, ebenfalls ein problematisches Kapitel.

1.8 *trans*-Fettsäuren

Die natürliche Form der Fettsäuren ist die sog. *cis*-Form. Bei ungesättigten und mehrfach ungesättigten Fettsäuren führen die Doppelbindungen zu einer Krümmung des Moleküls. Deshalb können sich die Moleküle nicht so dicht zusammenlagern; in der natürlichen *cis*-Form sind diese Fettsäuren flüssig. In der *trans*-Form wurde die *cis*-Doppelbindung durch eine *trans*-Doppelbindung ersetzt; obwohl die Fettsäuren damit – streng genommen – immer noch ungesättigt sind, nehmen sie die Eigenschaften gesättigter Fettsäuren an: Die Moleküle strecken sich und können dicht an dicht gepackt werden, damit sind diese Fette bei Raumtemperatur fest. Das *cis*- und das *trans*-Molekül einer Fettsäure weisen zwar eine unterschiedliche Form auf, doch die Anzahl der Atome ist gleich. Der Organismus des Menschen verwendet *trans*-Fettsäuren daher zum Aufbau von Zellmembranen, ebenso wie die gesättigten und *cis*-ungesättigten Fettsäuren. Das macht *trans*-Fettsäuren so gefährlich: Mit ihnen aufgebaute Zellmembranen funktionieren nicht mehr optimal – Tausende von Stoffwechseloperationen auf der Zelloberfläche sind davon betroffen. Einen Einblick in die schädlichen Wirkungen von *trans*-Fettsäuren gibt Tabelle 12 auf der nächsten Seite.

Im Fleisch und in der Milch von Wiederkäuern (Rinder, Schafe, Ziegen) finden sich natürliche *trans*-Fettsäuren, welche die Tiere bei der Verdauung bilden, z.B. die Elaidinsäure, die *trans*-Form der Ölsäure. Butterfett enthält z.B. bis zu 4 % *trans*-Vaccensäure (von span. Vaca = Kuh), die den Tieren als Vorstufe zur Bildung von konjugierter Linolsäure (CLA) dient, einer Fettsäure mit ausgesprochen günstigen Eigenschaften (sie stimuliert das Immunsystem, wirkt gegen Krebs und Arteriosklerose, siehe oben). Übrigens handelt es sich bei CLA ebenfalls um eine *trans*-Fettsäure, die in mehreren Varianten auftritt. Es gibt sogar Hinweise darauf, daß auch der Mensch selbst die *trans*-Vaccensäure mit Hilfe des Enzyms delta-9-Desaturase in konjugierte Linolsäure, also CLA, umwandeln kann [66]. All das spricht dafür, daß der Mensch durch natürliche *trans*-Fettsäuren keinen Schaden nimmt; diese in Form von CLA sogar positive Wirkungen entfalten.

trans-Fettsäuren werden vermutlich erst zum Problem, wenn ihre Anzahl überhand nimmt. Grundsätzlich können *trans*-Fettsäuren vom Menschen

Tab. 12 Warum sind *trans*-Fettsäuren so gefährlich? [67]

***trans*-Fettsäuren...**

- senken das „gute“ HDL-Cholesterin dosisabhängig (d.h. je höher der Gehalt an *trans*-Fettsäuren in der Nahrung, desto tiefer wird das HDL-Cholesterin gesenkt);
- erhöhen das „schlechte“ LDL-Cholesterin dosisabhängig;
- erhöhen das atherogene (die Arterienverkalkung fördernde) Lipoprotein (a);
- senken die Milchmenge und -qualität bei stillenden Müttern;
- tragen zu einem zu niedrigen Geburtsgewicht von Säuglingen bei;
- erhöhen den Blutzuckerspiegel nach Glucoseverzehr und steigern so das Risiko, an Diabetes zu erkranken;
- behindern die Immunabwehr (Auswirkungen auf B und T-Zellen);
- senken den Testosteronspiegel und erhöhen die Anzahl abnormer Spermien beim Mann, greifen in den Eisprung der Frau ein;
- vermindern die Auswirkungen von Insulin auf die roten Blutkörperchen, mit vermutlich unerwünschten Wirkungen beim Diabetiker;
- hemmen die Funktion von Enzymen an der Zellmembran, so z.B. von delta-6-Desaturase, was eine verminderte Umwandlungsrate von Linolsäure zu Arachidonsäure nach sich zieht;
- erzeugen nachteilige Veränderungen der Enzym-Aktivität in jenen Enzym-Systemen, die chemische Karzinogene (krebserregende Chemikalien) und Medikamente verstoffwechseln, so z.B. in den Cytochromen 448 und 450;
- sind verantwortlich für veränderte Eigenschaften der Zellmembranen (Aufbau und Transport durch die Zellmembran);
- lösen Veränderungen der Fettzellengröße aus, sowie bei deren Anzahl und Fettsäurezusammensetzung;
- greifen nachteilig ein in die Umwandlung von pflanzlichen Omega-3 Fettsäuren (alpha-Linolensäure) zu tierischen Omega-3 Fettsäuren (EPA und DHA), verstärken die Auswirkungen von Mängeln an essentiellen Fettsäuren;
- verstärken die peroxysomale Aktivität* und potenzieren die Bildung von freien Radikalen.

Tab. 12 Fortsetzung

* Peroxysomen sind, wie die Mitochondrien, Zellorganellen. Die meisten Peroxysomen finden sich in den Zellen von Leber und Nieren, sie sind mitverantwortlich für die Zellatmung, speziell für die Herstellung und den Abbau von Wasserstoffperoxid.

verstoffwechselt werden; das geschieht aber erheblich langsamer, als der Stoffwechsel der *cis*-Fettsäuren. Wenn jetzt zu den natürlich vorkommenden auch noch industriell erzeugte *trans*-Fettsäuren kommen, dann kann der Organismus überfordert werden. Es wird befürchtet, daß ein Übermaß an *trans*-Fettsäuren bei Kindern das Wachstum des Gehirns und der Sinnesorgane stört und die Ausbildung des Nervensystems und der Augen behindert. Darüber hinaus wird befürchtet, daß der Verzehr größerer Mengen *trans*-Fettsäuren die Wiederherstellung von Körpergeweben nach Verletzungen erschwert [47].

Die Geschichte der industriell erzeugten *trans*-Fettsäuren ist noch jung. Um die im Übermaß vorhandenen pflanzlichen Öle flexibler verwenden zu können, begann die Lebensmittelindustrie gegen Ende des 19. Jahrhunderts, erstmals Mischungen aus pflanzlichen Fetten und tierischen Ölen anzubieten; „Cotolene" war eine Mischung aus Baumwollsaatöl (cottonseed oil) und Rindertalg. Vereinzelt wurde auch schon Margarine verwendet, die allerdings aus Mischungen von Butter mit Schmalz, bzw. Kokosöl bestand [67]. Zum Backen und Braten wurden bis dahin allein Schmalz oder Talg, sowie Butter und Sahne verwendet, teilweise wurde auch Kokosfett eingesetzt; alles natürliche Fette, an die der Mensch seit Jahrtausenden gewohnt war.

Zu Beginn des 20. Jahrhunderts wurden Fettsäuren erstmals chemisch „gehärtet". Der französische Chemiker Sabatier hatte entdeckt, daß sich Molekül-Doppelbindungen mit zusätzlichen Wasserstoffatomen sättigen lassen. Dem Briten Norman gelang es wenig später, Öle auf diese Weise zu sättigen; er ließ sich die Erfindung patentieren [37]. Der Konzern Procter & Gamble erwarb 1909 die Rechte für die USA und brachte 1911 „Crisco"

Abb. 8 Struktur von *cis*- und *trans*- Fettsäuren [71]

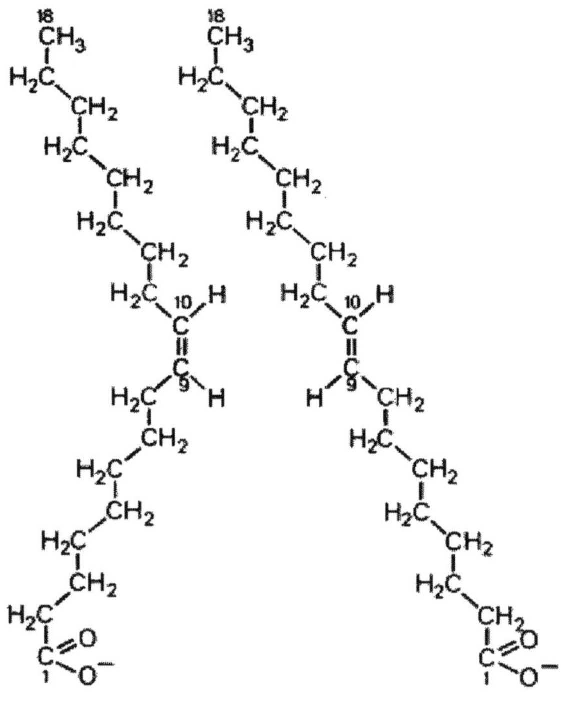

***cis*-Form: Ölsäure** **trans-Form: Elaidinsäure**

Die natürliche *cis*-Form der Ölsäure (links) führt zu einer Krümmung des Moleküls. Nach erfolgter chemischer „Härtung" ist das *trans*-Molekül gestreckt wie bei einer gesättigten Fettsäure. So wird es möglich, die bei Raumtemperatur flüssige Ölsäure als feste Elaidinsäure z.B. in Margarine einzusetzen.

auf den Markt; dabei handelte es sich um mehrfach ungesättigtes Baumwollsaatöl, das chemisch gehärtet wurde [68]. Das so erzeugte Fett war jetzt bei Raumtemperatur nicht mehr flüssig, sondern fest; auch die Haltbarkeit wurde damit verlängert.

Etwa ab Mitte der 40er Jahre des vergangenen Jahrhunderts ermöglichten neue Verfahren, Pflanzenfette wie Mais- und Sojaöl „selektiv" zu härten: Die mehrfach ungesättigten Öle wurden mit einzelnen *trans*-Doppelbindungen versehen. Damit konnten aus billigen Pflanzenölen jetzt Margarine und Backfett hergestellt werden. Die Mangelwirtschaft im zweiten Weltkrieg trieb die Entwicklung neuer Produkte mit *trans*-Fettsäuren voran. In Deutschland wurde an synthetischen Fetten geforscht und gehärtetes Walnußöl diente als Ersatz für Schweineschmalz [69]. Heute werden in großen Mengen Soja-, Mais-, Sonnenblumen- sowie andere pflanzliche Öle „gehärtet" und in einer Vielzahl industriell verarbeiteter Lebensmittel eingesetzt.

Gehärtete Fette finden sich heute in Margarine und Nuß-Nougat-Creme, in Kartoffelchips und Schokoriegeln, in Fertiggerichten, Salatsoßen und Tiefkühlpizzen, in Backwaren und Kaffee-Gebäck, sowie in Fleischpanaden und den Soßen von „Rahm"-Tiefkühlgemüse. Und natürlich in beinahe allen fritierten Gerichten. Dabei scheinen nicht die hohen Temperaturen für die Entstehung von *trans*-Fettsäuren verantwortlich zu sein, sondern vielmehr der Zusatz von teilgehärteten Fetten zum Fritierfett, welche oxidationsschützend wirken sollen [70]. Daher sind fritierte Lebensmittel doppelt belastet: Mit *trans*-Fettsäuren und mit Oxidationsprodukten, die durch die hohen Temperaturen entstehen. Pommes frites, aber auch Kroketten und andere Kartoffel-Fertiggerichte, ebenso wie Buletten oder halbe Hähnchen, die im Fritierfett gegart, bzw. aufgewärmt werden, sollten daher gemieden werden. Eigentlich müßte das nicht sein, wie die Belgier uns heute noch beweisen: Die besten Pommes frites der Welt werden nämlich nicht in industriell veränderten Pflanzenölen gegart, sondern in Rindertalg, einem sehr stabilen, natürlichen Fett.

Den *trans*-Fettsäuren in der Ernährung wird nicht mehr so viel Aufmerksamkeit zuteil, wie noch vor einigen Jahren. Doch mit Verdrängung gerät das Problem nicht aus der Welt. Allein der Hinweis, sich „ausgewogen zu ernähren", um vor *trans*-Fettsäuren geschützt zu sein, nutzt da reichlich wenig. Nach Möglichkeit sollten Sie gar keine industriellen *trans*-Fettsäuren verzehren, jedenfalls nicht, wenn Sie Ihr Immunsystem funktionsfähig, Ihr Herz-Kreislaufsystem gesund und Ihren Schutz vor Krebs aufrecht erhalten

Tab. 13 *trans*-Fettsäuren in Brotaufstrichen [72,73]

Produkt	Anteil am Gesamtfettgehalt in Prozent Minimum	Maximum
Margarine	0.0	10.6
Diätmargarine	0.0	0.4
Diät- und Reformmargarine*	0.15	0.53
Halbfettmargarine*	0.83	1.74
Pflanzenmargarine*	0.32	4.07
Sonnenblumenmargarine*	3.33	4.88
Nuß-Nougat-Cremes	0.7	11.1
Vegetarische Brotaufstriche	0.1	0.4
Erdnußbutter	0.0	0.3
Wurst	0.6	6.4
Butter**	3.7	5.2
Käse**	1.8	4.0

* Diese Angaben entnommen aus [73]

** Anm. des Verfassers: Hier dürfte es sich um tierische, d.h. natürliche *trans*-Fettsäuren handeln, die keine schädlichen Auswirkungen haben.

möchten. Angesichts der Mengen dieses schädlichen Fetts in industriell erzeugten Lebensmitteln kann man sich leicht ausmalen, daß die meisten Menschen weitaus mehr davon aufnehmen, als ihnen gut tut. Betroffen sind vor allem Kinder und Jugendliche, bei denen Pommes frites, Schokoriegel und Gebäck hoch im Kurs stehen. Doch auch wer gern industriell verarbeitete Lebensmittel und Fertiggerichte einkauft, läuft Gefahr, große Mengen an *trans*-Fettsäuren zu verzehren. Die Deutsche Gesellschaft für Ernährung

Tab. 14 *trans*-Fettsäuren in Fertiggerichten [70]

Produkt	Anteil *trans*-Fettsäuren pro 100g
Suppenwürfel und -pulver, Fertigsoßen	bis zu 9 g
Blätterteige, bzw. daraus hergestellte Produkte	2-4 g
Kartoffelchips	0-4,5 g
Pommes frites einer Schnellimbiß-Kette	3,1g
Pommes frites, vorfrittiert und tiefgekühlt	geringe Mengen
Müsli-Riegel	0,1-4 g
Fleischwaren, in Dosen	unter 1 g*
Tiefkühlpizza	0,6 g
Huhn mit Gemüse, Fertiggericht, tiefgekühlt	0,004 g
Mayonnaise, Salatsoßen	keine festgestellt
Mit Haselnußcreme gefüllte Waffeln	z.T. erhebliche Mengen

* Anm. des Verfassers: Herkunft nicht näher beziffert, vermutlich natürliche *trans*-Fettsäuren aus Wiederkäuerfleisch.

Von österreichischen Wissenschaftlern [70] wurden im Zeitraum von 1991/92 und 1995 eine ganze Reihe von Proben aus dem Wiener Einzelhandel untersucht: 52 Fleischwaren in Dosen, 51 Trockenprodukte (Suppen, Soßen, Würzmischungen), 51 Backwaren (Kuchen, Kekse, Snackprodukte) und 74 Fertigmenüs (in Dosen, bzw. tiefgekühlt). Die Daten wurden einem Text entnommen, daher unspezifische Angaben wie „keine", „geringe" oder „z.T. erhebliche Mengen".

empfiehlt daher, auf die Qualität der Fette zu achten. Für Menschen mit Fettstoffwechselstörungen, für Schwangere, Stillende und Herz-Kreislaufkranke spricht sie gar die Empfehlung aus, so wenig *trans*-Fettsäuren wie möglich aufzunehmen [74]. Das ist guter Rat, aber nicht einfach umzusetzen. Denn leider muß der Gehalt an *trans*-Fettsäuren nicht auf der Verpackung angegeben werden, lediglich der obskure Hinweis „pflanzliches Fett, z.T. gehärtet". Am besten ist die Empfehlung umzusetzen, wenn man auf industriell hergestellte Produkte generell verzichtet. Das erscheint zunächst kaum machbar; die meisten Produkte im Supermarkt fallen schließlich in diese Kategorie. Bei genauer Betrachtung aber kann man ganz gut ohne hochverarbeitete Nahrungsmittel und Fertiggerichte leben. Fertige Suppen und Soßen, Kartoffelchips, Pommes frites, Gebäckmischungen und Blätterteig haben in einer ketogenen Ernährung ohnehin keinen Platz. Das verbietet bereits der hohe Anteil an Kohlenhydraten.

Mit den bis hierher geschilderten Zusammenhängen habe ich hoffentlich mein Ziel erreicht: Ich möchte Ihnen nahelegen, die Verantwortung für Ihre Ernährung selbst zu übernehmen. Wenn Sie Ihre Lebensmittel mit Umsicht einkaufen und Ihre Mahlzeiten selbst zubereiten, haben Sie mehr Kontrolle zurückgewonnen, als Sie vielleicht bisher geahnt haben: Gesundheit, Lebenskraft und optimale sportliche Leistungsfähigkeit hängen in entscheidender Weise davon ab, was Sie essen.

Im Folgenden werden wir uns der Ketose widmen, sowie den praktischen Seiten der kohlenhydratreduzierten Ernährung: Dem Lebensmittel-Einkauf und den Zusammenstellungen der Mahlzeiten.

*

II. TEIL

LEBEN MIT DER ANABOLEN DIÄT

2.1 Ketose – die von der Evolution bevorzugte Energiequelle

Wie in der Einleitung zum vorliegenden Buch schon angesprochen, hat die kohlenhydratreduzierte Diät viele prominente Fürsprecher. Allen gemein ist die Forderung, auf Kohlenhydrate weitgehend zu verzichten. Doch im Ausmaß der Beschränkung sind die Empfehlungen durchaus verschieden. Damit ergeben sich unterschiedliche Auswirkungen auf den Blutzuckerspiegel und die Ketose.

Eine Ketose entsteht durch das Vorliegen von Ketonkörpern im Blut. Diese Ketonkörper entstehen bei der Lipolyse, der Aufspaltung von Fetten, die in Form von Triglyzeriden vorliegen, in Glycerol und Fettsäuren. Die Lipolyse ist ein normaler Prozeß, der jeden Tag in unserem Körper abläuft. Wenn nicht mehr genügend Kohlenhydrate zur Verfügung stehen, tragen Fettsäuren auf diese Weise einen Teil zur Energiegewinnung bei. Eine kohlenhydratarme Diät setzt auf Fettsäuren als Hauptenergiequelle an Stelle von Nahrungsglucose; daher wird sie auch ketogene (Ketose auslösende) Diät genannt. Seit Urzeiten dient diese Form der Energieversorgung mit Fettsäuren dazu, den Menschen am Leben zu erhalten. Bei primitiven Völkern, die sich noch traditionell, d.h. mit wenig Kohlenhydraten ernähren, ist die Ketose eine tägliche Erfahrung.

Im Laufe der Evolution des Menschen hat die Natur bewußt auf die Ketose als Energiesystem gesetzt. Allein die Fettreserve eines Jugendlichen beträgt rund 110.000 kcal., viel mehr als die Kohlenhydratreserve, die lediglich 2.000 kcal., oder 2 % dieser Energie zum Überleben beisteuern kann. Dabei funktioniert die Energiegewinnung über Ketose so effizient, daß der einmal auf „Fasten" eingestellte Mensch nur noch 3-4 g Muskelprotein pro Tag verliert. Auf diese Weise wird wertvolle Muskelsubstanz geschont und das Überleben nach der Hungerperiode wahrscheinlicher. Der große Unterschied einer ketogenen Diät zur Hunger-Ketose besteht aber darin, daß regelmäßig Nahrung zugeführt wird. Der Körper erhält kontinuierlich „Brennstoff" in Form von Fett und Protein. Die Überlegenheit der Ketose als Energiesystem wird auch auf andere Weise deutlich: Bei der Oxidierung von Fettsäuren zur Energiegewinnung wird beinahe doppelt soviel Wasser gewonnen, wie bei der Verbrennung von Glucose. Dieses Wasser wird normalerweise über den Schweiß oder Urin ausgeschieden, doch in Notsituationen kann es zum Flüssigkeitshaushalt des Körpers beitragen [47].

Tatsächlich braucht der Körper Glucose, auch wenn ihm keine Kohlenhydrate mehr zugeführt werden. Für die Energieversorgung von Gehirn und Muskeln kann durch den Einsatz von Ketonkörpern viel Glucose eingespart werden. Doch die Nieren, die Netzhaut des Auges, die roten Blutkörperchen und einige Teile des Gehirns können auf Glucose nicht verzichten. Aber auch dafür hat die Natur vorgesorgt: Der Mensch verfügt über mehrere Systeme, die Glucose herstellen. Sowohl beim Fasten, als auch in der Anfangsphase der ketogenen Diät wird pro Tag im Cori-Zyklus aus Laktat (Milchsäure) bis zu 70 g Glucose gewonnen. Die Glucosegewinnung aus Glycerin (über die Lipolyse) steuert weitere 40-50 g bei. Über die Gluconeogenese aus Protein, d.h. durch die Glucoseproduktion aus Aminosäuren des Muskeleiweißes werden ebenfalls erhebliche Mengen bereitgestellt. Erst kürzlich wurde bekannt, daß selbst die Nieren bis zu 25 % an der Gewinnung von Blutzucker beitragen können. Die Versorgung mit Glucose wird auf diese Weise sichergestellt, ohne daß Kohlenhydrate verzehrt werden müssen.

2.2 Blutzucker und Ketose

Eine Ketose wird dadurch definiert, daß Ketonkörper im Blut vorliegen. Daher sind auch die sog. Ketosticks überflüssig; damit können nur Ketonkörper im Urin gemessen werden. Es wird nur ein Überschuß an Ketonkörpern im Urin ausgeschieden; das bedeutet also, jemand kann durchaus Ketonkörper im Blut haben und sich damit „in Ketose“ befinden, ohne Ketonkörper mit dem Urin auszuscheiden. Eine hohe Flüssigkeitsaufnahme, empfohlen für jede kohlenhydratarme Diät, „verwässert“ die Konzentration der Ketonkörper im Blut und führt bei den Ketosticks zu falschen Meßergebnissen. Überdies sind die Ergebnisse auch nicht besonders aussagekräftig.

Der Blutzuckerspiegel entwickelt sich nach individueller Veranlagung, Kalorienzufuhr und mehr oder weniger strikter Durchführung der kohlenhydratreduzierten Diät. Bei den meisten Leuten wird der Blutzuckerspiegel zwar fallen, doch die „magische Grenze“ von 50 mg/dl nicht erreichen, egal ob mit Ketosticks oder Glucometern (Meßgeräten zur Blutzuckerbestimmung) geprüft wird. Der Wert von 50 mg Blutzucker pro Deziliter Blut als Maßstab für das Vorliegen der Ketose und damit eines wirksamen Fettabbaus wurde seinerzeit vom US-Autor Daniel Duchaine [75] in die Welt gesetzt. Damals war die Anabole Diät, wie auch andere Formen der ketogenen Diät, ein ziemliches Novum in der Sporternährung und die Leute waren hungrig nach Zahlen. Entgegen der weit verbreiteten Meinung fällt der Blutzuckerspiegel aber bei einer ketogenen Diät niemals so tief. Bei strenger Kohlenhydratbeschränkung findet man häufig Blutzuckerwerte zwischen 65-70 mg/dl. Bei einem hohen Proteinverzehr werden auch Werte zwischen 75-85 mg/dl erreicht. Dabei kann es durchaus vorkommen, daß bei solchen Blutzuckerwerten Ketonkörper im Urin gemessen werden [76].

Der Novagenics-Verlag erhält immer wieder Zuschriften von Leuten, die glauben, die Anabole Diät funktioniere bei ihnen nicht, da ihr Blutzucker nicht besonders stark abfällt. Der markanteste Fall war ein junger Mann, der über 14 Tage mit Hilfe mehrerer Ernährungstabellen und eines Ernährungstagebuchs jedes Gramm Kohlenhydrate gezählt hatte. Er konnte detailliert nachweisen, nur zwischen 5 und 12 g pro Tag aufgenommen zu haben, also noch deutlich weniger, als selbst in der streng begrenzten Phase I der Anabolen Diät gefordert. Die Messungen wurden mit einem eigens angeschafften Glucometer vorgenommen. Sein Blutzuckerspiegel war auch nach zwei Wochen nicht unter 90 mg/dl gefallen. Er fühlte sich gut und der Fettabbau schien zu funktionieren. Allerdings war er der Meinung, etwas falsch gemacht zu haben. Damit steht er nicht allein, es geht vielen Leuten wie ihm. Der Blutzucker fällt kaum ab und es werden wenig oder gar keine Ketonkörper im Urin gemessen. Trotzdem funktioniert die kohlenhydratarme Ernährung, es kommt zu einem deutlichen Fettabbau und positiven Veränderungen der Blutfettwerte.

Lyle McDonald schreibt in seinem Buch „The Ketogenic Diet" über dieses Phänomen: „Einige Menschen kommen niemals über die ersten Anzeichen einer Ketose hinaus, während andere dunklere Färbungen [des Teststreifens, und damit eine tiefe Ketose, gemessen mit Ketosticks] vorweisen können. Es scheint da keine Regelmäßigkeit zu geben, die erklärt, warum einige Leute immer hohe Konzentrationen an Ketonen im Urin aufweisen und andere nicht. Einige haben nach einer sehr fettreichen Mahlzeit höhere Ketonwerte im Urin, was die Umwandlung von Fett aus der Nahrung in Ketonkörper vermuten läßt, welche dann ausgeschieden werden ... Andere scheinen nur nach anhaltender aerober Aktivität Ketonkörper auszuscheiden. Zu guter Letzt scheint es auch tägliche Veränderungen der Ketonkonzentration zu geben, die durch Hormonschwankungen verursacht werden ... Viele Leute berichten von hohen Ketonwerten in der Nacht, können aber am nächsten Morgen keine Ketonkörper mehr messen. Bei wieder anderen geschieht das Gegenteil." [76]

Jedenfalls steht fest, daß Blutzucker- oder Ketonkörpermessungen nicht über Erfolg oder Mißerfolg beim Fettabbau entscheiden. Es bleibt festzuhalten: Wer wenig Kohlenhydrate verzehrt, beteiligt das Ketosesystem zuverlässig an der Energiegewinnung, auch ohne daß der Blutzuckerspiegel auf Tiefstwerte sinkt.

Wenn ein deutlicher Fettabbau auch ohne tiefe Ketose erreicht werden kann, dann gibt es auch keinen Grund mehr, diesen Zustand freiwillig zu wählen. Es ist wirklich kein angenehmer Zustand, wenn Sie alle fünf Minuten Wasser trinken müssen, um den quälenden Durst zu stillen und den strengen Mundgeruch zu bekämpfen, der bei einer tiefen Ketose auftritt. Die Konzentration leidet in diesem Zustand ebenso, wie die körperliche Leistungsfähigkeit. Der Zustand der tiefen Ketose dauert darüber hinaus auch nur so lange an, bis wieder etwas gegessen wird. Selbst wenn es sich dabei nur um einen Löffel Öl handelt, also reines Fett, wird etwas Insulin ausgeschüttet und man hat den Zustand der tiefen Ketose verlassen. Warum soll man sich so quälen, wenn es absolut nicht nötig ist? Wenn Sie Hunger verspüren, dann essen Sie etwas. Eine Handvoll Nüsse, ein Stück Käse, ein hartgekochtes Ei oder ein Stück Wurst.

Ketonkörper sind wasserlöslich und werden problemlos durch die Nieren über den Urin ausgeschieden. Sie können den Nieren die Arbeit erleichtern, indem Sie bei einer ketogenen Diät mindestens 3-5 Liter Flüssigkeit pro Tag zuführen, am besten Wasser.

2.3 Wie gefährlich ist die Ketose?

Den meisten Ärzten gilt die Ketose als ungesund und schädlich; sie assoziieren einen katabolen (abbauenden) Zustand damit. Die gutartige Ketose jedoch, die durch eine kohlenhydratarme Ernährung entsteht, ist die natürlichste Sache der Welt. Bei gesunden Menschen, die ausreichend Insulin produzieren können, stellt eine gutartige Ketose keine Gefahr dar. Denn sobald die Konzentration von Ketonkörpern im Blut überhand nimmt, reduziert von der Bauchspeicheldrüse ausgeschüttetes Insulin die Konzentration von freien Fettsäuren im Blut. Die so verringerte Menge der Fettsäuren erlaubt durchaus noch eine moderate Produktion von Ketonkörpern zur Energiegewinnung, verhindert aber zuverlässig eine Übersäuerung des Blutes.

Bei Diabetikern stellt sich die Situation so dar, daß sie zwar durch den weitgehenden Verzicht auf Kohlenhydrate höchstwahrscheinlich weniger Insulin benötigen werden. Doch sie brauchen weiterhin Insulin, bzw. die Insulinproduktion fördernde Medikamente. Denn der Körper produziert auch ohne Kohlenhydratverzehr Glucose (s.o.), für deren Verstoffwechselung Insulin benötigt wird. Darüber hinaus wird Insulin im Keton-Stoffwechsel benötigt. Vor allem der letzte Schritt, die Aufspaltung der sauren Ketonsubstrate in Kohlendioxid und Wasser funktioniert nur mit Insulin [77]. Ohne Insulin droht die gefürchtete Ketoazidose, eine gefährliche Übersäuerung des Blutes. Für beide Arten von Diabetes muß daher mit Nachdruck empfohlen werden, sich zu Beginn einer kohlenhydratreduzierten Diät mit dem Hausarzt abzusprechen. Der Blutzucker sollte in den ersten Wochen regelmäßig gemessen werden, um festzustellen, wie der Körper auf den Kohlenhydratentzug reagiert, bevor Veränderungen bei der Medikamentenzufuhr vorgenommen werden.

Doch keine Angst, die Aussichten für Zuckerkranke sind gut. Der Typ II Diabetiker wird bei Einhaltung der ketogenen Diät die Dosis reduzieren können; je nach Stadium der Erkrankung kann vielleicht sogar ganz auf blutzuckerregulierende Medikamente verzichtet werden. Falls ein Zwei-Phasen-Schema wie bei der Anabolen Diät gewählt wird, könnte der Insulinspiegel in der Phase II durch die moderate Zufuhr komplexer Kohlenhydrate nur leicht erhöht werden; wobei vielleicht auch wieder medikamentöse Unterstützung zur Verstoffwechslung der Kohlenhydrate nötig wäre.

Beim Typ I Diabetiker ist der Insulin-Ketonkörper-Regelkreis wegen des völligen Versagens der Insulinproduktion in der Bauchspeicheldrüse ausgeschaltet. Er wird weiterhin auf die Zufuhr von Insulin angewiesen bleiben, doch wird er vermutlich die Insulin-Dosis deutlich reduzieren können.

2.4 Die Formen der kohlenhydratreduzierten Ernährung

Die strikteste Einschränkung des Kohlenhydratverzehrs findet sich bei epilepsiekranken Kindern, deren Eltern ihren Sprößlingen ohne Medikamente helfen möchten. Tatsächlich reduziert der Verzicht auf Kohlenhydrate, also eine ketogene Ernährung, die Häufigkeit und Dauer epileptischer Anfälle. Der genaue Wirkmechanismus bleibt dabei im Unklaren, vermutet werden entweder positive Elektrolytverschiebungen oder eine direkte Wirkung der Ketonkörper auf die betroffenen Hirnareale [78]. Die Wirkung könnte aber auch mit den neurologischen Auswirkungen bestimmter Getreideproteine zusammenhängen (Gliadin/Gluten-Problematik, s.o.). Die Behandlungserfolge sprechen jedenfalls für sich. In 30-43 % aller Fälle ergibt sich eine völlige Anfallsfreiheit; 34-50 % erzielen eine deutliche Verbesserung. In etwa 10 % der Fälle kann nach mehrjähriger Durchführung der Diät auf die strikte Kohlenhydratbeschränkung verzichtet werden, die Epilepsie ist geheilt [78].

Eine weitere, recht strenge Variante ist die sog. Anabole Diät [1], angewandt im Kraftsport und Bodybuilding. Dabei werden in Phase I für 5-6 Tage Fett (bis zu 70 % der Kalorien) und Protein favorisiert, die Kohlenhydrate dagegen streng reduziert, auf weniger als 30 g pro Tag, bevor ihr Verzehr in Phase II für 1-2 Tage wieder erlaubt ist. Doch selbst dann liegt der Fettverzehr mit 40-60 % recht hoch. In Phase I soll durch den Verzicht auf Kohlenhydrate eine gutartige Ketose und damit ein deutlicher Fettabbau ausgelöst werden. In Phase II werden durch die gesteuerte Zufuhr von Kohlenhydraten die Glycogenspeicher in Muskeln und Leber wieder aufgefüllt; der dadurch entstehende, kurzfristige Insulinüberschuß wird ebenfalls für Aufbauprozesse genutzt: Das Insulin soll vorrangig Nährstoffe in die Muskeln transportieren. Bevor eine merkliche Fettspeicherung beginnen kann, wird bereits wieder auf Phase I umgeschwenkt. Weitere Beispiele für eine ketogene Diät nach dem Phasenmodell finden sich in den Werken von Daniel Duchaine („Bodyopus" [75]) und Lyle McDonald („The Ketogenic Diet" [76]), sowie in Mauro G. DiPaquales Buch „The Metabolic Diet" [79].

Die Atkins-Diät [3] setzt auf eine mehrere Wochen dauernde Einführungsphase mit sowenig Kohlenhydraten wie möglich, um die Ketose und damit einen Gewichtsverlust einzuleiten. Ist das Wunschgewicht erreicht, folgt anschließend eine „Erhaltungsphase", in der Kohlenhydrate schrittweise wieder zugeführt werden. Ist der Punkt erreicht, wo die Gewichtsabnahme gestoppt ist, sich aber keine erneute Gewichtszunahme einstellt, hat man die Menge der täglich tolerierten Kohlenhydrate ermittelt. Die Toleranz für Kohlenhydrate ist nach Atkins individuell sehr verschieden, sie kann von 30-80 g täglich reichen. Der „Protein Power Plan" von Dr. Michael und Mary Dan Eades [5] gleicht sehr der Atkins-Diät. Ein sehr praxisgerechtes Detail des „Protein Power Plans" sind die sog. Diätferien, wo Sie über einige Tage „normal" essen können, den Kohlenhydratüberschuß danach aber durch einige Tage mit strikter Kohlenhydratbeschränkung wieder ausgleichen.

Dr. Wolfgang Lutz [6] rät ebenfalls, die Kohlenhydrate deutlich zu reduzieren. Er spricht sich aber gegen die tiefe Ketose zur Einleitung der Diät aus und empfiehlt von Beginn an die Beschränkung der Kohlenhydrate auf 6 Broteinheiten (BE), das sind 72 g (eine Broteinheit entspricht 12 g Kohlenhydrate). Dr. Lutz vertritt die Auffassung, daß der Körper diese Menge an Kohlenhydraten benötigt; bekommt er sie nicht über die Nahrung, so stellt er sie im Wege der Gluconeogenese, also der Gewinnung von Blutzucker aus Eiweißen, selbst her. In jungen Jahren werde die Umstellung auf wenig Kohlenhydrate sehr gut vertragen. Je länger ein Mensch aber an ein Leben mit viel Zucker und Stärke gewohnt war, desto schwerer fällt ihm die Umstellung. Das liegt nach Dr. Lutz daran, daß der Körper ausgleichende Mechanismen entwickelt hat, um mit der Überzahl der Kohlenhydrate fertigzuwerden. Mit 6 BE Kohlenhydrate pro Tag werde die Umstellung viel besser vertragen; selbst beim Diabetiker bringe eine weitere Beschränkung keine größeren Erfolge.

Diesem Gedanken läßt sich einiges abgewinnen. 72 g Kohlenhydrate pro Tag sind nicht besonders viel, allerdings dürfte damit eine tiefe Ketose nicht mehr auftreten. Trotzdem würde man noch von allen Vorteilen einer kohlenhydratreduzierten Ernährung profitieren. Den Anhängern der strikten Anabolen Diät werden 72 g Kohlenhydrate pro Tag sehr viel erscheinen. Auf die Woche gerechnet, sind das immerhin 504 g. Doch wenn man fünf Tage lang 30 g Kohlenhydrate verzehrt, wie für die Phase I der Anabolen Diät gefordert, ergibt das bereits 150 g. Wenn jetzt in Phase II zwei Tage mit einer Kohlenhydrataufladung erfolgen, sind 350 g Kohlenhydrate schnell erreicht; im Wochendurchschnitt unterscheiden sich beide Wege also nicht. Falls Sie sich dafür entscheiden, jeden Tag bis zu 6 BE Kohlenhydrate zuzulassen, muß die Phase II mit höherer Kohlenhydratzufuhr natürlich entfallen.

Zwischen diesen beiden Möglichkeiten der kohlenhydratreduzierten Diät gibt es ein weites Feld für Experimente. Vielleicht erlauben Sie sich ruhig einmal außer der Reihe etwas mehr Kohlenhydrate, doch gleichen Sie das durch strengeren Verzicht an den darauf folgenden Tagen wieder aus. Oder Sie beschränken sich doch auf etwas weniger, vielleicht auf 5 BE (60 g Kohlenhydrate) pro Tag und bleiben streng dabei. Oder Sie lernen auswendig, was wenig Kohlenhydrate enthält und geben das Zählen völlig auf. Worauf ich hinaus möchte: Zwängen Sie sich nicht in ein zu starres Korsett. Probieren Sie ruhig verschiedene Wege aus. Der Zweck der Anstrengung bleibt immer der Gleiche: Gut zu essen und zu leben, ohne viele Kohlenhydrate zu verzehren.

2.5 Gesundheits-Check

Wenn Sie bereits mit gesundheitlichen Problemen zu kämpfen haben, sollten Sie Ihren Hausarzt einbeziehen, bevor Sie auf eine kohlenhydratarme Ernährung umschwenken. Falls Sie unter stark erhöhten Blutfettwerten, Herz-Kreislaufkrankheiten, Diabetes oder einer anderen chronischen Erkrankung leiden, ist der Rat des Arztes einzuholen und eine medizinische Voruntersuchung unbedingt durchzuführen. Lassen Sie Ihre Blutfettwerte (Gesamtcholesterin, HDL, LDL, Triglyzeride), Nüchtern-Blutzucker, Leberwerte und Nierenfunktion prüfen. So haben Sie Vergleichsdaten zur Hand, mit denen Sie den Erfolg der kohlenhydratreduzierten Ernährung dokumentieren können.

Das ist auch denen zu empfehlen, die sich gesund fühlen. Es ist keine schlechte Idee, sich während der ersten Wochen der Diät in kurzen Abständen vom Arzt untersuchen zu lassen, um zu prüfen, wie sich die Ernährungsumstellung bei Ihnen auswirkt. Ist alles in Ordnung, dann können die Untersuchungsintervalle ausgedehnt werden.

Innerhalb weniger Wochen mit einer kohlenhydratreduzierten Ernährung sollte das Gesamtcholesterin deutlich gefallen sein, auch das Verhältnis von HDL- zu LDL-Cholesterin wird sich verbessert haben. Der Triglyzeridspiegel im Blut wird durch die verzehrten Kohlenhydrate bestimmt. Je weniger Sie davon aufnehmen, desto tiefer sinken die Triglyzeride. Der Blutzucker sollte sich auf einem niedrigen Wert einpendeln und Leber- und Nieren sollten keine Auffälligkeiten zeigen. Wenn das nicht eintrifft, dann nehmen Sie das nicht auf die leichte Schulter. Sie müssen sich dann mit Ihrem Arzt zusammensetzen, um eine Lösung zu finden. Von einer Gruppe Menschen weiß man bereits, daß ihre Blutfettwerte sich manchmal nicht verbessern;

das sind jene mit einer erblich bedingten Hypercholesterinämie. Falls Sie zu diesen Menschen gehören, bei denen ein hoher Cholesterinspiegel „in der Familie liegt", sollten Sie in Zusammenarbeit mit Ihrem Arzt versuchen, die Ernährung anzupassen. Zu empfehlen wäre hier eine stärkere Ausrichtung auf die sog. Mittelmeer-Diät, also mehr einfach ungesättigte Fettsäuren (Olivenöl) und Meeresfrüchte, sowie Gemüse und Nüsse.

2.6 Lebensmittel für die Anabole Diät

Beim Einkaufen sollten Sie strikt darauf achten, nur Lebensmittel mit einem sehr niedrigen Kohlenhydratanteil zu kaufen, oder solche, die gar keine Kohlenhydrate aufweisen. Das gelingt am einfachsten mit naturbelassenen Lebensmitteln.

Ich bin in den letzten Jahren ein äußerst kritischer Konsument geworden und versuche, alles frisch zu kaufen. Wurst und Käse zählen zu meinem Speiseplan, ebenso wie Fleisch vom Metzger meines Vertrauens. Wenn es sich anbietet, greife ich zu Bio-Produkten. Diese enthalten kein Pökelsalz (Natriumnitrit) zur Konservierung. Auf die verarbeiteten Nahrungsmittel, welche in langen Reihen die Supermarktregale füllen, läßt sich gut verzichten. Die meisten enthalten Getreide, Zucker bzw. Glucosesirup und Stärke im Überfluß; nicht wenige sind mit Pflanzenölen und gehärteten Fetten, Konservierungs- und Geschmacksstoffen versehen.

Tierische Lebensmittel können dagegen fast bedenkenlos verzehrt werden. Fleisch, Fisch, Geflügel und Eier liefern Ihnen nicht nur Protein und wertvolle Fettsäuren, sondern auch Vitamine und Mineralien im Überfluß. In der großen Gruppe der Milchprodukte sind alle jene zu empfehlen, die einen geringen Kohlenhydratanteil aufweisen. Als Faustregel: Je mehr Fett enthalten ist, desto geringer die Kohlenhydrate. Käse, Quark (40 % Fett), Crème fraîche, Sahne und Schmand sind sehr zu empfehlen; diese aus Milch hergestellten Lebensmittel enthalten das krebshemmende CLA. Crème fraîche und Sahne werden bei vielen Gerichten im Rezeptteil des vorliegenden Buches zur Verfeinerung eingesetzt. Probieren Sie doch einmal die entsprechenden Bio-Produkte; die sind nur unwesentlich teurer, doch sie schmecken erheblich besser. Bei Milch und Joghurt sollten Sie sich beschränken, beides enthält schon mehr Kohlenhydrate. Milch in Kaffee und Tee müssen Sie sich nicht versagen, doch wählen Sie besser frische Milch oder H-Milch, denn Kondensmilch enthält zuviel Zucker.

Gewöhnen Sie sich an, reichlich Butter einzukaufen; Gänse- oder Schweineschmalz ist ebenfalls zu empfehlen. Ein gutes, kaltgepreßtes Olivenöl sollten Sie ebenfalls immer im Hause haben.

Letzteres nimmt eine besondere Stellung ein: Olivenöl enthält fast überwiegend Ölsäure, eine Omega-9 Fettsäure. Diese greift nicht in den Stoffwechsel der Omega-6 und Omega-3 Fettsäuren ein, verhält sich sozusagen neutral. Deshalb darf Olivenöl nach Belieben verwendet werden, gebrauchen Sie es also freigiebig. Gleichzeitig liefert Olivenöl reichlich Vitamin E und Selen. Die anderen bekannten Speiseöle, also Soja-, Distel-, Sonnenblumen- oder Maiskeimöl sollten Sie nach Möglichkeit nicht verwenden. Sie liefern einfach zu viele Omega-6 Fettsäuren. Gegen den gelegentlichen Verzehr dieser Öle ist nichts einzuwenden, doch sollten sie nicht regelmäßig gebraucht werden. Omega-6 Öle finden sich übrigens auch in Mayonnaise, Remoulade und einer Vielzahl von Fertigsoßen. Man sollte es kaum glauben, doch selbst Pesto im Glas von renommierten italienischen Herstellern enthält statt Olivenöl oft das günstigere Sonnenblumenöl.

Wenn Sie viel Fleisch, Schmalz, Butter und Milchprodukte verzehren, bilden Sie das Fettsäurenverhältnis dieser Lebensmittel in Ihren Körpergeweben ab: Zuviel Omega-6 und zuwenig Omega-3 Fettsäuren. Daher sollten Sie versuchen – wann immer möglich – tierische Lebensmittel mit einem ausgewogenen Fettsäurenanteil zu verzehren.

Wenn Sie nicht sicher gehen können, daß die Tiere auf der Weide gehalten werden, bzw. beim Geflügel frei im Gelände scharren und picken können, sollten Sie Produkte aus dem Biolandbau wählen. Hier besteht zumindest eine größere Chance, daß die Tiere artgerecht gehalten und gefüttert werden. Bei biologisch-dynamischen Höfen besteht gar eine Verpflichtung, weitgehend autark zu wirtschaften und nach Möglichkeit die Tiere mit selbst erzeugtem Futter zu unterhalten; damit steigt die Chance auf Weidehaltung, Grünfutter oder Grassilage. Deshalb bieten Bio-Produkte mit hoher Wahrscheinlichkeit ein günstigeres Verhältnis der beiden Fettsäurengruppen; ganz sicher sein kann man allerdings nie.

Bei Wild können Sie davon ausgehen, daß es ein optimales Fettsäurenverhältnis aufweist. Rotwild, Wildschwein, Hase, Fasan und Wachtel sind daher zu empfehlen. Sollte das Wild aber aus einer Zucht stammen, kann nicht ausgeschlossen werden, daß Getreide zugefüttert wurde; dieses Fleisch wäre nur eingeschränkt zu empfehlen.

Schafe und Ziegen werden in vielen Gegenden der Welt noch auf der Weide gehalten. Ihr Fleisch weist dann ein optimales Fettsäurenverhältnis auf. Lammfleisch enthält übrigens selbst dann noch mehr Omega-3 Fettsäuren als Rindfleisch, wenn die Tiere mit Kraftfutter ernährt wurden.

Fisch ist generell zu empfehlen; die meisten Omega-3 Fettsäuren liefern aber die räuberischen Seefische wie Thunfisch, Hering, Makrele und Lachs. Der Lachs im Handel wird heute fast ausschließlich auf Fischfarmen erzeugt; sein Fleisch weist erheblich weniger Omega-3 Fettsäuren auf, als das seines wildlebenden Verwandten. Auch die kleineren Vertreter aus Neptuns Reich wie Sprotten, Sardinen und Sardellen liefern überproportional viele Omega-3 Fettsäuren, gefolgt von Muscheln, Krebsen und Garnelen (Zuchtgarnelen sind weniger zu empfehlen).

Zwei bis drei Mahlzeiten pro Woche, angerichtet mit den oben empfohlenen Fischen, sind bereits eine gute Versicherung gegen ein Ungleichgewicht bei den Omega-6/Omega-3 Fettsäuren. Es muß aber kein teures Fischfilet sein; Fischkonserven, bzw. mit konserviertem Fisch angerichtete Mahlzeiten erfüllen den gleichen Zweck. Der Gehalt an Omega-3 Fettsäuren wird durch Räucherung, bzw. Konservierung nur unwesentlich vermindert [52]. Dosenfisch erweist sich den Fischölkapseln sogar als überlegen, wie von Dr. Singer nachgewiesen: Zwei Makrelenkonserven pro Tag, die 2,2 g EPA lieferten, wurden mit der gleichen Menge EPA in Form von Fischöl-Kapseln verglichen. Die Fischölkapseln senkten erhöhte Triglyzeride um 49 % und das Gesamtcholesterin um 13 %. Die Fischkonserven dagegen erniedrigten die Triglyzeride um 63 % und das Gesamtcholesterin um 25 %; erhöhter Blutdruck wurde mit Fischkonserven ebenfalls besser gesenkt, als mit Fischölkapseln [52].

Darüber hinaus sind Innereien zu empfehlen, die ein erheblich besseres Fettsäurenverhältnis als das Muskelfleisch aufweisen; in der Regel beträgt die Verteilung von Omega-6 zu Omega-3 etwa 2-3:1. Jede regionale Küche in Deutschland liefert tolle Rezepte dafür. Es muß ja nicht unbedingt Herz, Nieren oder Hirn sein, doch Leber wäre sehr zu empfehlen, auch wegen des hohen Vitamingehalts. Wenn Sie frische Leber nicht selbst zubereiten möchten, dann greifen Sie zu Leberpastete und Leberwurst. Letztere enthält zumeist nur noch einen kleinen Anteil Leber (statt dessen überwiegend Fleisch), doch der liefert die begehrten Omega-3 Fettsäuren.

Wenn Sie mehrmals pro Woche Seefisch verzehren, ein oder zweimal Leber essen, und darüber hinaus auf Omega-6 Pflanzenöle weitgehend verzichten, haben Sie Ihre Balance von Omega-6 zu Omega-3 Fettsäuren schon sehr verbessert. Wenn Ihnen diese Lebensmittel gar nicht zusagen sollten, dann wäre zu empfehlen, Leinöl bzw. Fischöl einzunehmen.

Als Vorsorge gegen einen Mangel an Omega-3 Fettsäuren können Sie zu kaltgepreßtem Leinöl greifen. Allerdings liegt die Umwandlungsrate der darin enthaltenen alpha-Linolensäure zu EPA und DHA nur bei höchstens 10 %, daher sollten Sie ein bis zwei Eßlöffel Leinöl pro Tag einnehmen. Kaufen Sie Leinöl immer nur in kleinstmöglichen Portionen. Lagern sie die Flasche oder Dose stets gut verschlossen und vor Licht geschützt, am besten im Kühlschrank. Das hochungesättigte Leinöl wird sehr schnell ranzig.

Biologisch wirksamer sind Lebertran- oder Lachsölkapseln aus der Apotheke, welche die tierischen Omega-3 Fettsäuren EPA und DHA in Reinform enthalten. Bei regelmäßiger Einnahme sollten Sie mit wenigen Kapseln pro Tag auskommen. Für die Aufbewahrung von Fischöl-Kapseln gelten die gleichen Regeln wie beim Leinöl – lichtgeschützt und kühl, am besten im Kühlschrank, so schnell wie möglich aufbrauchen.

Falls sie Leinöl oder Fischölkapseln einnehmen, müssen Sie auf eine gute Versorgung mit Vitamin E achten: Sowohl die pflanzlichen, als auch die tierischen Omega-3 Fettsäuren sind extrem instabil und oxidationsgefährdet. Vitamin E, am besten ein Präparat mit gemischten Tocopherolen, schützt diese Fette im Körper. Weitere fettlösliche Antioxidantien wären Vitamin A und alpha-Liponsäure; letztere ist in Deutschland allerdings verschreibungs-

Tab. 15 Kohlenhydratarme Ernährung und traditionelles Fast Food

Einen Schnell-Imbiß gibt es in jeder Stadt. Hier würde sich die Bratwurst anbieten, z.B. ohne Brötchen, aber mit Mayonnaise. Ein halbes Hähnchen kann ebenfalls empfohlen werden, mit etwas Mayonnaise schmeckt es noch besser. Allerdings sollte ein erkaltetes Hähnchen nicht im Fritierfett aufgewärmt werden. Bestehen Sie in diesem Fall auf einem Stück frisch vom Grill, oder verzehren Sie es kalt. Bei den selbstgemachten Frikadellen kann man nie sicher sein, wieviel Brot darin enthalten ist. Doch solange Brot günstiger ist als Fleisch, sollte man davon ausgehen, daß für diese deutsche Spezialität die oft verwendete Bezeichnung „Brotklops“ gerechtfertigt ist; also nur in Maßen verzehren, am besten ganz darauf verzichten.

Viele Metzgereien bieten einen Mittagstisch an. Unter den angebotenen Gerichten finden sich oft gehaltvolle Klassiker, etwa Nürnberger Würstchen auf Sauerkraut, Schweinebraten, Hausmacher Bratwurst, etc. Bestellen Sie nach Möglichkeit Mayonnaise zum Fleisch, sowie einen Schlag Gemüse dazu.

Ansonsten sind Salate immer zu empfehlen. Viele Cafes und Restaurants bieten Salatbars an, Mittags oft auch großzügige Salat-Zusammenstellungen zum reduzierten Preis. Lassen Sie sich dazu Olivenöl bringen und machen Sie reichlich Gebrauch davon! Oder verzehren Sie in einem italienischen Restaurant landestypische, kleine Speisen, z.B. Vitello Tonnato (Kalbfleisch mit Thunfischsoße, kalt genossen) oder ein Carpaccio mit Parmesan und Olivenöl.

In griechischen oder türkischen Imbissen kann fast immer auf frischen Salat zurückgegriffen werden, sowie auf die bekannten Fleischzubereitungen. Lassen Sie sich Gyros oder Kebab ohne Brot auf dem Teller anrichten, mit Zaziki oder „extra scharf“. Besonders zu empfehlen sind die Lammfleischgerichte in südeuropäischen Imbissen und Restaurants.

An den Autobahnraststätten ist immer eine Brat- oder Bockwurst zu bekommen, Mayonnaise zur Kalorienaufwertung und Senf zur Würzung sind an diesen Orten ebenfalls problemlos erhältlich.

pflichtig. Wenn Sie Ihre Omega-3 Fettsäuren aus Fleisch, Wurst und Fisch beziehen, sind fettlösliche Antioxidantien zwar immer noch zu empfehlen, aber nicht ganz so wichtig. Denn die kompletten Lebensmittel enthalten auch gesättigte Fettsäuren, welche die mehrfach ungesättigten Omega-3 Fettsäuren stabilisieren und sie so vor Oxidation schützen. Der Mechanismus dahinter ist nicht bekannt; es wird vermutet, daß gesättigte Fettsäuremoleküle die Kettenreaktion der Oxidierung ungesättigter Fettsäuren verlangsamen. Der Effekt ist umso stärker, je mehr gesättigte Fettsäuren ein Lebensmittel enthält [44].

An empfehlenswerten pflanzlichen Lebensmitteln wären zuvorderst die Nüsse zu nennen. Sie liefern hochwertiges Protein, Vitamin E, wichtige Spurenelemente wie Selen, Magnesium und Zink, sowie – in geringen Mengen – alpha-Linolensäure. Paranüsse enthalten die wenigsten Kohlenhydrate, gefolgt von Macadamias, Mandeln, Hasel- und Walnüssen.

Was den Kohlenhydratgehalt angeht, zählen Gemüse und Salate zu den unbedenklichen Nahrungsmitteln. Davon können Sie essen, soviel Sie mögen. Besonders zu empfehlen sind fettreiche Gemüsefrüchte wie z.B. Avocados. Beim Obst dagegen streiten sich die Geister. Heutige Obstsorten sind auf einen hohen Zuckergehalt hin gezüchtet. Durch Behandlung mit Spritzmitteln wird der natürliche Gehalt an Flavonoiden und anderen Pflanzeninhaltsstoffen vermindert. Lange Transportwege sowie unsachgemäße Lagerung und Reifung entziehen dem Obst weitere Nährstoffe. Ich bin daher der Meinung, Obst in der Ernährung ist deutlich überbewertet: Zuviele Kohlenhydrate, doch nur noch wenig Vitamine und Spurenelemente.

Andere wiederum, etwa die US-Autoren Loren Cordain [17] und Ray Audette [7], empfehlen den Verzehr von Obst; Cordain sogar beachtliche Mengen. Beide sind sich der Nachteile des modernen Obstanbaus bewußt; nehmen sie aber wegen der darin enthaltenen Vitalstoffe in Kauf. Wenn Sie auf Obst nicht verzichten möchten, so würde ich ihnen raten, kohlenhydratarme Sorten zu wählen, Maß zu halten und die Kohlenhydratbalance von höchstens 500 g pro Woche nicht aus den Augen zu verlieren.

Gemüse und Salate können das Obst sehr gut ersetzen. Ich gebe zu, auch hier gibt es häufig Probleme bei Transport und Lagerung. Die lassen sich zumindest in Grenzen halten, wenn man entweder ortsnah kauft, oder liefern läßt (immer mehr Bio-Höfe liefern mittlerweile „Gemüsekisten" aus). Außerdem ist der Kohlenhydratgehalt von Salat vernachlässigbar gering,

Tab. 16 Kohlenhydratarme Ernährung in Fast Food Ketten

In den bekannten Burger Restaurants empfehlen sich Hamburger aller Art und Größe, allerdings ohne das Brötchen. Da einige Burger-Ketten Wert auf fettarmes Fleisch legen (z.B. McDonalds), kann der Fettgehalt der Mahlzeit mit extra Mayonnaise angehoben werden. Ansonsten gilt: Gurkenscheiben, Käse, Tomaten, Zwiebelringe, Salatblätter etc. dürfen mit verzehrt werden.

Kleinere Mengen Ketchup sind erlaubt, andere Soßen, etwa die gelbe auf dem Big Mac, sollten wegen der enthaltenen Kohlenhydrate gemieden werden. Am besten kauft man die jeweils größte Fleischmenge zum günstigsten Preis; bei Menü-Angeboten kann u.U. auch einmal Diät-Cola gewählt werden, auf Pommes frites sollten Sie jedoch verzichten.

Eine gute Wahl wären z.B. der Hamburger „Royal TS" bei MacDonalds oder der „Whopper" bei Burger King, zu verzehren jeweils ohne Brötchen. In den Restaurants beider Ketten kann man übrigens auf Nachfrage Plastikmesser und -gabeln bekommen, damit lassen sich die Hamburger auch ohne fettige Finger verzehren.

Salate wären eine fleischlose Alternative in Burger-Restaurants, die Dressings allerdings enthalten beträchtliche Mengen Kohlenhydrate. Dafür kann man entweder Öl in einem kleinen Fläschchen mitführen, oder, absolute Notlösung, man macht sich den Salat mit Mayonnaise an. Die Mayonnaise der Burger-Ketten enthält übrigens auch Kohlenhydrate, sollte daher nur sparsam verwendet werden.

Bei KFC wäre Coleslaw zu empfehlen, eine Gemüsezubereitung mit Mayonnaise. Bei Pizza Hut kann man sich an der Salatbar einen Rohkostsalat nach Wahl zusammenstellen.

der von Gemüse in den meisten Fällen ebenfalls. Gemüse und Salat liefern überdies reichlich Ballaststoffe. Daher sollten Sie sich angewöhnen, jeden Tag ein oder zwei Portionen davon zu verzehren. Zu Beginn einer kohlenhydratreduzierten Diät zeigt sich der Darm zuweilen etwas träge. Nach erfolgter Umstellung, was manchmal einige Wochen dauern kann, regelt sich auch die Darmfunktion. Für die Übergangszeit empfehlen sich Ballaststoff-Zubereitungen wie Leinsamen oder Apfelpektin, beides ist im Reformhaus zu bekommen.

Wenn Sie sich kohlenhydratarm ernähren, sollten Sie viel trinken; drei bis fünf Liter pro Tag sollten es schon sein. Sie werden jetzt viel öfter Durst verspüren und diesem Gefühl sollten Sie auch nachgeben. Vergessen Sie nicht, daß der Körper Ihnen damit einen echten Bedarf signalisiert; schließlich erfordert der bei dieser Ernährungsform zwangsläufig erhöhte Proteinverzehr mehr Flüssigkeit, ebenso der Ketonkörperstoffwechsel. Für die Flüssigkeitsversorgung eignen sich Leitungs- oder Mineralwasser; Kaffee und Tee dürfen mitgerechnet werden. Verzichten Sie auf Fruchtsäfte und Limonaden, sie liefern zuviele Kohlenhydrate. Auch Diät-Limonaden sind nicht zu empfehlen, die darin verwendeten Süßstoffe können den Insulinspiegel ansteigen lassen. Zwar enthalten diese Süßstoffe keine Kohlenhydrate, doch es scheint so, als wenn allein der süße Geschmack ausreichen würde, um die Insulinproduktion anzuregen.

Natürlich dürfen Sie Alkohol trinken, doch die bekannten Grenzen sollten Sie nicht aus den Augen verlieren: Bis zu einem halben Liter Wein pro Tag, oder das Äquivalent an Hochprozentigem. Die besten Getränke für eine kohlenhydratreduzierte Ernährung sind Rotwein (Weißwein oder Sekt weisen schon 2-3 Mal soviel Kohlenhydrate auf), sowie Cognac, Weinbrand oder Brandy. Bier sollten Sie in Maßen genießen, oder greifen Sie zu kohlenhydratreduziertem Bier, wie es für Diabetiker angeboten wird. Vorsicht bei Leicht- oder Diätbier: Diese Produkte liefern zwar weniger Kalorien oder weniger Alkohol, weisen aber in der Regel den gleichen Kohlenhydratgehalt auf wie normales Bier.

2.7 Slow Food statt Fast Food

Im Rezeptteil des Buches finden Sie unter „Snacks“ einige „schnelle“ Kleinigkeiten. Die Anabole Diät erlaubt aber auch ein komfortables Auskommen mit Fast Food im herkömmlichen Sinne, siehe dazu die Tabellen 15 und 16. Ich möchte Ihnen keinesfalls nahelegen, Fast Food zur Grundlage Ihrer Ernährung zu machen. Beinahe alles, was auf diesem Feld angeboten wird, ist industriell hergestellt. Selbst wenn sich die Hauptnährwerte wie Kohlenhydrate, Protein und Fett bestimmen lassen, so bekommen Sie doch immer mehr, als Sie verlangt haben. Dabei können Sie auf gehärtete Fette, Geschmacksverstärker, künstliche Aromen, Zucker und Salz, Farb- und Konservierungsstoffe wirklich verzichten. Doch bei aller Orientierung auf eine hochwertige Ernährung darf man den Blick für die Realität nicht verlieren. Situationen, wo wir gezwungen sind, auf Schnellgerichte auszuweichen, lassen sich nicht immer vermeiden. Grundsätzlich kommen Sie im Fast-Food Alltag mit einer kohlenhydratreduzierten Ernährung besser über die Runden, als mit einer fettreduzierten, langweiligen Diät.

Das wahre Vergnügen dieser Ernährungsform liegt allerdings darin, schmackhafte und vielseitige Mahlzeiten genießen zu können, die man am besten selbst zubereitet. Vermutlich geht es Ihnen bald wie mir selbst: Mit ein wenig Übung schmeckt es zu Hause am besten. Ich wünsche Ihnen viel Vergnügen mit den Rezepten auf den folgenden Seiten.

*

III. REZEPTE FÜR DIE ANABOLE DIÄT

1. HINWEISE ZU DEN REZEPTEN

In einigen Rezepten werden italienische Lebensmittel aufgeführt, die aber auch in Deutschland problemlos erhältlich sein sollten. Bei Grana Padano handelt es sich um einen körnigen italienischen Hartkäse. Im Gegensatz zum Parmigiano, den wir als geriebenen Parmesan über Spaghetti kennen, schmeckt der Grana weicher und weniger scharf. Vor allem junger Grana ist ein ausgesprochen milder Käse, der sich gut zum Reiben und Überbacken eignet. Falls Sie keinen Grana bekommen können (oder vielleicht nicht mögen) ersetzen Sie ihn durch einen beliebigen anderen Käse. Mozzarella-Käse kommt ebenfalls aus Italien, ist aber bei uns überall erhältlich. Cheddar, bzw. Chesterkäse kommt ursprünglich aus England. Er zeichnet sich durch orange Farbe und einen hohen Fettgehalt aus, damit eignet er sich gut zum Überbacken.

Mortadella ist eine italienische Fleischwurst, die sehr dünn geschnitten wird. Sie können Mortadella durch deutsche Fleischwurst ersetzen.

„Aceto Balsamico", italienischer Balsamessig, wird nach altem Rezept in Modena hergestellt. Im Gegensatz zu herkömmlichem Essig schmeckt der Balsamico süß-sauer; je älter, desto süßer und würziger wird der Geschmack.

Tab. 17 Maße, Gewichte & Portionen bei den Rezepten

TL	Teelöffel
EL	Eßlöffel
½ Glas	100 ml
1 Glas	200 ml
½ Tasse Brühe	½ TL Pulver (3 g)
1 Tasse Brühe	1 TL Pulver (6 g)
½ Liter Brühe	2 TL Pulver (12 g)
1 Liter Brühe	4 TL Pulver (25 g)
¼ Pfd.	125 g
½ Pfd.	250 g
1 Pfd.	500 g
1 Pack. Frischkäse	200 g
1 Becher Crème fraîche	150 g

Bei den Gerichten ist nicht angeführt, für wieviele Personen sie jeweils gedacht sind. Diese Angaben sagen ohnehin nicht viel aus. Was für den einen zuviel ist, macht den anderen vielleicht nicht satt.

Stattdessen findet sich für jedes Gericht ein Kasten, wo stets die Nährwerte für das gesamte Gericht, sowie für 2, 3 und 4 Portionen angegeben sind.

Im Nährwertkasten finden Sie auch die Angabe, wieviele Broteinheiten eine Portion ausmacht.

Es gibt bis zu 40 Jahre alten Balsamessig aus Modena, der ein kleines Vermögen kostet; man kann durchaus 100 Euro und mehr für 100 ml Aceto Balsamico ausgeben. Für unsere Zwecke reicht auch der günstige Aceto Balsamico aus dem Supermarkt. Doch falls Sie einmal nach Italien kommen, sollten Sie dort 6 oder 12 Jahre alten Balsamessig einkaufen; diese Qualitäten sind im deutschen Feinkostgeschäft einfach zu teuer. Aceto Balsamico wird sehr sparsam – tröpfchenweise, bzw. mit einem Sprühfläschchen – über Salate verteilt, schmeckt aber auch zu Grana, dem italienischen Hartkäse. Einen Ersatz für italienischen Balsamessig gibt es nicht, falls sie keinen bekommen, lassen Sie ihn einfach weg. Im vorliegenden Buch wird er ohnehin nur bei zwei oder drei Gerichten eingesetzt.

Für einige Gerichte wird Brühe benötigt. Eine ganze Reihe von Firmen stellen Brühepulver her, doch setzen viele gehärtete Fette darin ein. Im Bio-Markt gibt es Brühepulver von Herstellern (Demeter, Rapunzel, Naturata, Alnatura etc.), die ausdrücklich auf gehärtete Fette verzichten.

Salz und Pfeffer sind aus der Küche nicht wegzudenken, sie werden bei jedem Gericht gebraucht. Statt des verbreiteten Jodsalzes mit Rieselhilfen sollten Sie in ein gutes Meersalz ohne chemische Zusätze investieren, das ist im Biomarkt oder Feinkostgeschäft zu bekommen. Es ist zwar etwas teurer, doch eine Packung Salz reicht für eine kleine Ewigkeit. Schwarzer Pfeffer schmeckt am besten frisch gemahlen oder gestoßen. Kaufen Sie am besten ganze Körner, die Sie im Mörser oder mit einer Pfeffermühle zerkleinern.

Getrocknete Gewürze werden Sie vermutlich im Hause haben. Falls Sie nachkaufen müssen, würde ich Ihnen auch hier die Bio-Anbieter (z.B. Alnatura) empfehlen; nach meinem Empfinden schmecken diese Gewürze aromatischer. Am besten verwendet man aber frische Kräuter; der Geschmack ist nicht zu schlagen. Gewürzkräuter können im Garten angepflanzt oder in Blumentöpfen auf Fensterbank oder Balkon gezogen werden. So gibt man nur einmal Geld aus und kann zumindest im Frühjahr und Sommer ständig frische Gewürze ernten. Die Kräuter gibt es in kleinen Töpfchen preisgünstig im Gartenmarkt; setzen Sie diese in größere Töpfe, dann wachsen sie zu stattlichen Pflanzen heran und Sie bekommen mehr Ertrag.

Für die Berechnung der Nährwerte auf den folgenden Seiten wurde überwiegend das Standardwerk von Souci, Fachmann und Kraut [80] herangezogen; einzelne Werte wurden anderen Quellen entnommen [81,82,83]. Im Nährwertkasten sind auch stets die Broteinheiten (BE) pro Portion angegeben, das soll den Einstieg in die kohlenhydratreduzierte Ernährung nach Dr. Lutz erleichtern.

Zuletzt noch ein Tip, was die Zubereitung der Gerichte angeht: Es macht wirklich Sinn, zuerst alle Zutaten vorzubereiten, also Zwiebeln zu hacken, Möhren zu schneiden, das Fleisch zu waschen und zu würzen, bevor man mit dem Kochen beginnt. Verzichten Sie besser darauf, das Fleisch schon einmal anzubraten, während Sie noch die Zwiebeln schneiden. Machen Sie es lieber den Fernsehköchen nach, die alles vorbereitet haben, *bevor* sie anfangen zu kochen. Sie ersparen sich unnötigen Streß und das Essen schmeckt ohne Hetze einfach besser. Viel Spaß beim Kochen!

III. REZEPTE FÜR DIE ANABOLE DIÄT

2. FRÜHSTÜCK & ABENDESSEN

Für ein kohlenhydratarmes Frühstück bieten sich viel mehr Möglichkeiten, als man zunächst glauben möchte. Selbstredend muß auf Brot, Brötchen, Müsli oder Frühstücksflocken verzichtet werden. Doch der Kaffee schmeckt auch gut zu einer Auswahl von Salami, Schinken oder Käse, mit Butter bestrichen und mit gehackter Petersilie verziert. Vielleicht ist ja noch etwas übrig vom Abendessen des Vortages, Frikadellen oder ein Teller herzhaften Wurstsalats. Oft schmecken die Gerichte am nächsten Tag noch besser, wenn erst die Gewürze richtig „durchgezogen“ sind. Oder man beginnt den Tag mit Spiegeleiern, kombiniert mit Käse, Tomaten, Wurst oder Kräutern. Wem das zu aufwendig erscheint, dem steht auch der klassische Proteinshake in vielen Variationen zur Auswahl.

Für den Abend bieten sich ähnliche Alternativen an: Entweder kommen die Reste des Vortages auf den Tisch. Oder es wird ein warmes Gericht zubereitet, bzw. ein sättigender Milchshake gewählt. Wer das Abendessen traditionell angehen möchte, kann natürlich auch Wurst, Käse und andere Kleinigkeiten servieren, nur – alles ohne Brot.

Statt eines Marken-Frischkäses kann auch Öko-Frischkäse verwendet werden; das Ganze schmeckt dann deutlich nach frischer Kuhmilch.

Shake mit Frischkäse

50 g	*Frischkäse (Doppelrahmstufe)*	*50 g*
3 EL	*Proteinpulver mit Vanille-Geschmack*	*40 g*
2 EL	*Leinöl*	*20 ml*
½	*Liter Wasser*	*—*

NÄHRWERTE	Kcal.	Fett/g	Prot./g	Kh./g	BE
Gesamt	489	36	38	2	0,1
2 Port. à	244	18	19	1	0,1
3 Port. à	163	12	13	1	0,0
4 Port. à	122	9	9	0	0,0

Frischkäse mit etwas Wasser in den Mixer geben. Auf mittlerer Stufe vermengen, bis der Käse dickflüssig ist. Restliches Wasser, Leinöl und Proteinpulver hinzugeben und gut durchmixen.

Man kann übrigens seine Shakes auch mit stillem Mineralwasser zubereiten: Sie werden sich wundern, wie stark Leitungswasser den Geschmack beeinträchtigt.

Shake Johanna

3 EL	*Proteinpulver mit Vanille-Geschmack*	*40 g*
2 EL	*Kokosöl*	*30 g*
2 EL	*Leinöl*	*20 g*
½	*Liter Wasser, erwärmt*	*—*

Konzeption frei nach Dr. Johanna Budwig: Das Kokosfett enthält fast ausschließlich gesättigte Fettsäuren, die das hochungesättigte Leinöl stabilisieren und eine Oxidation verhindern.

NÄHRWERTE	Kcal.	Fett/g	Prot./g	Kh./g	BE
Gesamt	589	51	32	0	0,0
2 Port. à	294	25	16	0	0,0
3 Port. à	196	17	11	0	0,0
4 Port. à	147	13	8	0	0,0

Warmes Wasser (30-40 Grad) in den Mixer geben (wegen des hohen Anteils an gesättigten Fettsäuren ist das Kokosöl bei Zimmertemperatur zähflüssig bis fest; es löst sich in warmem Wasser besser auf). Kokosfett und Leinöl zugeben und vermengen, zuletzt das Proteinpulver zugeben.

Kokosfett enthält zu etwa 50 % Laurinsäure, eine Fettsäure mit stark immunstimulierenden Eigenschaften.

Die Avocado enthält kaum Kohlenhydrate, dafür aber eine Vielzahl an Vitaminen und Mineralien. Zudem liefert sie reichlich einfach ungesättigte Ölsäure, den Hauptbestandteil des Olivenöls.

Avocado-Shake

1	*reife Avocado*	**120 g*
3 EL	*kohlenhydratarmes Proteinpulver ohne Geschmack*	*40 g*
2 EL	*Leinöl*	*20 ml*
½	*Liter Wasser*	*—*

**Fruchtfleisch*

NÄHRWERTE	Kcal.	Fett/g	Prot./g	Kh./g	BE
Gesamt	595	49	40	1	0,0
2 Port. à	297	24	20	0	0,0
3 Port. à	198	16	13	0	0,0
4 Port. à	149	12	10	0	0,0

Avocado längs durchschneiden, den Kern entfernen. Das Fruchtfleisch mit einem kleinen Löffel von der Schale lösen und in den Mixer geben. Etwas Wasser dazugeben und kurz zerkleinern. Restliches Wasser, Proteinpulver und Leinöl zugeben und gut durchmischen. Sofort verzehren.

Das Leinöl versorgt den Körper mit wertvollen Omega-3 Fettsäuren. Falls kein Proteinpulver ohne Geschmack zur Hand ist, paßt Vanillegeschmack am besten zur Avocado.

Tapas I

50 g	*geräucherter Schinken (5 Scheiben)*	*50 g*
50 g	*Salami (5 Scheiben)*	*50 g*
10	*grüne Oliven, entkernt*	*40 g*
2 EL	*Crème fraîche*	*30 g*
1 TL	*Dijon-Senf*	*10 g*

Etwas Aufschnitt und ein paar Oliven: Was in Spanien zum Wein gereicht wird, kann auch gut als kleines Abendessen dienen. Crème fraîche und Senf ergeben einen leckeren Dip dazu.

NÄHRWERTE	Kcal.	Fett/g	Prot./g	Kh./g	BE
Gesamt	404	34	21	3	0,2
2 Port. à	202	17	11	1	0,1
3 Port. à	135	11	7	1	0,1
4 Port. à	101	8	5	1	0,1

Wurstscheiben rollen und rundherum auf dem Rand eines tiefen Tellers anrichten. Senf und Crème fraîche verrühren, als Dip in die Mitte des Tellers geben. Die Oliven jeweils mit einem Zahnstocher versehen und außen auf den Tellerrand legen. Dazu ein Glas Wein reichen.

Kalte Platte I

Ein traditionelles Abendessen, das auch ohne Brot hervorragend schmeckt. Dazu einen kräftigen Pfefferminz- oder Hagebutten-Tee servieren.

150 g	*Kochschinken (4 Scheiben)*	*150 g*
100 g	*Salami (12 Scheiben)*	*100 g*
6	*schwarze Oliven, entkernt*	*30 g*
50 g	*feine Leberwurst*	*50 g*
½	*Salatgurke*	*200 g*
100 g	*Mortadella (in Scheiben)*	*100 g*
150 g	*Gouda (in Scheiben)*	*150 g*
100 g	*Gouda (am Stück)*	*100 g*
50 g	*kalte Butter*	*50 g*
½	*Becher Crème fraîche*	*75 g*
1 EL	*Olivenöl*	*10 ml*
2 EL	*Senf*	*20 g*
	Salz und Pfeffer	*—*

NÄHRWERTE	Kcal.	Fett/g	Prot./g	Kh./g	BE
Gesamt	2709	236	135	9	0,8
2 Port. à	1355	118	67	5	0,4
3 Port. à	903	79	45	3	0,3
4 Port. à	677	59	34	2	0,2

Schinken-Salami Sticks: Salatgurke waschen, in der Mitte teilen und eine Hälfte in 1cm dicke Scheiben schneiden (andere Hälfte im Kühlschrank aufbewahren). Den Stapel Kochschinken zweimal längs durchschneiden. Jeweils 2 Scheiben zusammenrollen und mit einem Zahnstocher fixieren. Ein Stück Gurke und zwei Salami-Scheiben darauf spießen; ergibt 6 Schinken-Salami Sticks.

Mortadella-Käse Würfel: Käse- und Mortadella-Scheiben abwechselnd aufeinander schichten. Fertigen Stapel in kleine Würfel schneiden, jeden Würfel mit einem Zahnstocher fixieren.

Käse-Schnittchen: Das Goudastück in kurze, dicke Scheiben schneiden. Jede kleine Scheibe großzügig mit Butter bestreichen, dann mit Leberwurst. Eine Olive obenauf geben und mit einem Zahnstocher fixieren.

Aus der Crème fraîche und dem Olivenöl einen Dip anrühren, mit Salz und Pfeffer abschmecken.

Sticks, Würfel und Schnittchen auf einem großen Teller anrichten. Senf und die angerichtete Crème fraîche dazu reichen.

Kalte Platte II

100 g	*Gouda*	*100 g*
100 g	*Frischkäse (Doppelrahmstufe)*	*100 g*
150 g	*geräucherter Schinken*	*150 g*
100 g	*Salami*	*100 g*
150 g	*Sauerkraut (aus Dose oder Glas)*	*150 g*
5	*Gewürzgurken*	*100 g*

Für kalte Platten werden Ihnen schnell eigene Varianten einfallen. An Wurst und Käse steht Ihnen das gesamte Spektrum zur Verfügung.

NÄHRWERTE	Kcal.	Fett/g	Prot./g	Kh./g	BE
Gesamt	1272	97	88	8	0,6
2 Port. à	636	49	44	4	0,3
3 Port. à	424	32	29	3	0,2
4 Port. à	318	24	22	2	0,2

Den harten Käse in mundgerechte Stücke schneiden und außen auf einem großen Teller anrichten. Schinkenscheiben dünn mit Frischkäse bestreichen, mit der Käseseite nach innen einrollen. Einen Klecks Frischkäse auf die Salamischeiben geben. Die Schinkenröllchen mit einem Zahnstocher fixieren und mit Salamischeiben zwischen den Käsestücken verteilen. Gewürzgurken und Sauerkraut gut abtropfen. Das Sauerkraut in der Tellermitte aufhäufen. Gurken der Länge nach vierteln, das Sauerkraut damit belegen.

Wenn es einmal schnell gehen muß, oder wenn man gezwungen ist, mit dem Standard-Hotelfrühstück vorlieb zu nehmen, kann man auch Käse oder Wurstscheiben mit Butter bestreichen und dann mit Messer und Gabel verzehren. Auf diese Variante der „kalten Platte" bin ich beim Lesen von Dr. Wolfgang Lutz' Buch „Leben ohne Brot" gestoßen. Butter paßt vorzüglich zu Wurst und Käse, einfach weil es deren Fettgehalt schmackhaft anhebt.

Auch hier sind der Phantasie keine Grenzen gesetzt. Die Reste eines Thunfischsalats vom Vortag würden ebenso dazu passen, oder etwas Wurst. Salzmandeln kann man fertig kaufen oder mit gutem Olivenöl selbst herstellen, siehe dazu unter „Snacks".

Tapas II

50 g	*Cheddar*	*50 g*
10	*Mandeln, geröstet*	*25 g*
10	*schwarze Oliven*	*40 g*
2	*kleine Gewürzgurken*	*60 g*

NÄHRWERTE	Kcal.	Fett/g	Prot./g	Kh./g	BE
Gesamt	411	35	19	4	0,3
2 Port. à	206	18	10	2	0,2
3 Port. à	137	12	6	1	0,1
4 Port. à	103	9	5	1	0,1

Käse in kleine Stücke schneiden und mit den anderen Zutaten auf einem Teller anrichten und mit einem Glas Wein servieren.

III. REZEPTE FÜR DIE ANABOLE DIÄT

3. SUPPEN

Tomaten enthalten Lycopin, ein Carotinoid, das für die rote Farbe verantwortlich ist. Lycopin ist ein sehr starkes Antioxidans, dem positive Wirkungen auf eine ganze Reihe von Krebsarten nachgewiesen wurden.

NÄHRWERTE	Kcal.	Fett/g	Prot./g	Kh./g	BE
Gesamt	2473	225	29	77	6,4
2 Port. à	1237	113	14	38	3,2
3 Port. à	824	75	10	26	2,1
4 Port. à	618	56	7	19	1,6

Tomatensuppe

10	*Tomaten*	*1200 g*
1 Pfd.	*passierte Tomaten*	*500 g*
5	*rote Zwiebeln*	*300 g*
2	*Karotten*	*150 g*
2	*Knoblauchzehen*	*10 g*
½	*Glas Olivenöl*	*100 ml*
1	*Becher Sahne*	*250 g*
	Butter	*50 g*
	Cayennepfeffer	—
	Salz	—

Tomaten mit heißem Wasser überbrühen, enthäuten und entkernen, in Stücke schneiden. Karotten schälen, Zwiebeln und Knoblauch fein hacken.

In einem Topf bei mittlerer Hitze Zwiebeln und Knoblauch in der Butter und der Hälfte des Olivenöls glasig werden lassen. Passierte (aus Dose oder Tetrapack) und enthäutete Tomaten dazugeben. Karotten mit einer Gemüsereibe fein raspeln und zugeben. Auf kleiner Flamme eine gute Stunde köcheln. Dann die Suppe durch ein feines Sieb passieren und erneut in den Topf geben. Das restliche Olivenöl und die Sahne einrühren, kurz aufkochen lassen. Mit Salz und Cayenne-Pfeffer abschmecken und servieren.

Wer Tomatensuppe nur als Vorspeise kennt, dem sei sie hier als Hauptgericht nahegelegt. Die Proteinwertigkeit läßt sich durch reichlich geriebenen Grana Padano, bzw. einige Scheiben kalten Braten anheben.

Walnuß-Creme

1	*Tüte Walnüsse*	*200 g*
1	*Knoblauchzehe*	*5 g*
½	*Liter Brühe*	*12 g*
1	*Becher Crème fraîche*	*150 g*
2 EL	*Olivenöl*	*20 ml*
	Salz und Pfeffer	—

Ergibt kleine Portionen, die aber gut sättigen. Walnüsse enthalten einfach ungesättigte Fettsäuren und sogar geringe Mengen alpha-Linolensäure (Omega-3).

NÄHRWERTE	Kcal.	Fett/g	Prot./g	Kh./g	BE
Gesamt	1990	191	40	30	2,5
2 Port. à	995	95	20	15	1,2
3 Port. à	663	64	13	10	0,8
4 Port. à	497	48	10	7	0,6

Den Knoblauch fein hacken, zusammen mit Walnüssen und Olivenöl in den Mixer geben. Nüsse unter Zugabe von etwas Brühe zerkleinern. Auf niedriger Stufe weiter Brühe zufügen, bis eine cremige Konsistenz erreicht ist.

Die Masse durch ein feines Sieb in einen Topf streichen und kurz aufkochen. Crème fraîche einrühren, mit einigen Walnußhälften garnieren und sofort servieren.

Gaspacho

Als willkommene Erfrischung für heiße Tage gedacht, schmeckt diese Spezialität aus Spanien nicht nur im Sommer. Sind die Gemüse einmal vorbereitet, ist man schon fast fertig. Die Schärfe läßt sich mit mehr oder weniger Chili und Knoblauch leicht variieren.

NÄHRWERTE	Kcal.	Fett/g	Prot./g	Kh./g	BE
Gesamt	1197	104	15	45	3,7
2 Port. à	599	52	8	22	1,9
3 Port. à	399	35	5	15	1,2
4 Port. à	299	26	4	11	0,9

3	*Paprika (gelb)*	*480 g*
3	*Tomaten*	*360 g*
2	*Zwiebeln*	*100 g*
1	*Gurke*	*400 g*
1	*Zitrone*	*70 g*
3	*Knoblauchzehen*	*15 g*
½	*Chilischote*	*10 g*
½	*Glas Olivenöl*	*100 ml*
2 EL	*Essig*	*20 ml*
1	*Bund Petersilie*	*25 g*
1	*Bund Schnittlauch*	*10 g*
1	*Glas Eiswasser*	*200 ml*
	Salz und Pfeffer	*—*

Das Gemüse gründlich waschen, Paprika zusätzlich abreiben. Paprika entkernen, Tomaten häuten und entkernen, Gurke schälen. Alle Gemüse in kleine Würfel schneiden.

Zitrone auspressen. Zwiebeln, Knoblauchzehen, Chilischote und Kräuter fein hacken.

Eine Hälfte der in Würfel geschnittenen Gemüse beiseite stellen. Die andere Hälfte in den Mixer geben und fein pürieren. Bei niedriger Rührstufe Zwiebeln, Knoblauch, Olivenöl, Essig und Zitronensaft zugeben. Zuletzt das eisgekühlte Wasser zugeben und kurz vermischen. Masse in eine Schüssel geben und kalt stellen.

Vor dem Servieren das zurückbehaltene Gemüse in Suppenteller verteilen. Die eisgekühlte Gemüsemasse darüber geben und mit den Kräutern bestreuen.

Chili Texas Style

1 Pfd.	*Hackfleisch (Halb und Halb)*	*500 g*
50 g	*Schweineschmalz*	*50 g*
100 g	*Cheddar*	*100 g*
3	*Zwiebeln*	*150 g*
2	*Paprika (rot)*	*320 g*
2	*Knoblauchzehen*	*10 g*
1	*Bund Petersilie*	*25 g*
2 TL	*Chilipulver*	—
1 TL	*Oregano*	—
1 TL	*Kümmel*	—
½ TL	*Tabasco*	—
	Salz und Pfeffer	—

Ein Spezialität aus Texas; schmeckt auch ohne Bohnen vorzüglich. Für gesteigerte Schärfe mehr Chilipulver bzw. frische, gehackte Chili hinzugeben oder die Tabasco-Dosis erhöhen. Falls sie keinen Cheddar-Käse bekommen, kann auch Gouda verwendet werden.

NÄHRWERTE	Kcal.	Fett/g	Prot./g	Kh./g	BE
Gesamt	2192	175	131	22	1,8
2 Port. à	1096	87	65	11	0,9
3 Port. à	731	58	44	7	0,6
4 Port. à	548	44	33	5	0,5

Zwiebeln und Knoblauch fein hacken. Paprika waschen, abreiben, entkernen und in kleine Stücke schneiden.

Das Fett in einer großen Pfanne erhitzen, Zwiebeln und Knoblauch hineingeben und glasig werden lassen. Das Fleisch hinzugeben und bei mittlerer Hitze anbraten. Paprika, Chilipulver, Kümmel und Oregano zugeben; gut 2 Stunden auf kleiner Flamme köcheln lassen. Immer wieder durchrühren; bei Bedarf etwas Wasser zugeben. Am Ende sollte eine bröselige, fettglänzende Paste entstanden sein, die fast keine Flüssigkeit mehr enthält.

Tabasco einrühren, mit etwas Salz abschmecken. Vor dem Servieren mit geriebenem Cheddar-Käse und gehackter Petersilie garnieren.

Der wahre Jakob: Eine Suppe, die wirklich satt macht. Schmeckt am nächsten Tag aufgewärmt noch besser.

Hackfleischsuppe

1 Pfd.	*Hackfleisch (Halb und Halb)*	*500 g*
2 Pfd.	*passierte Tomaten*	*1000 g*
1	*Becher Crème fraîche*	*150 g*
50 g	*Schweineschmalz*	*50 g*
5	*Paprika (rot)*	*800 g*
2	*Zwiebeln*	*100 g*
2	*Knoblauchzehen*	*10 g*
1	*Bund Petersilie*	*25 g*
1	*Tasse Brühe*	*6 g*
	Salz und Pfeffer	*—*

NÄHRWERTE	Kcal.	Fett/g	Prot./g	Kh./g	BE
Gesamt	2516	191	126	64	5,3
2 Port. à	1258	95	63	32	2,7
3 Port. à	839	64	42	21	1,8
4 Port. à	629	48	32	16	1,3

Zwiebeln, Knoblauch und Petersilie fein hacken; Paprika in Streifen schneiden. Schweineschmalz in einem großen Topf erhitzen. Das Gehackte darin anbraten, es dabei mit einem Kochlöffel zu Bröseln zerstoßen.

Bei mittlerer Hitze 15 Minuten unter häufigem Rühren garen. Mit Brühe ablöschen und passierte Tomaten, Paprika, Zwiebeln, Knoblauch und Petersilie zugeben; eine halbe Stunde bei kleiner Flamme köcheln. Dann Crème fraîche unterrühren, kurz aufkochen lassen. Mit Salz und Pfeffer abschmekken, heiß servieren.

Käsesuppe

Ebenfalls eine Kalorienbombe. Porree, Knoblauch und Hackfleisch verleihen dieser Suppe eine unnachahmliche Würze.

1 Pfd.	*Hackfleisch (Halb und Halb)*	*500 g*
½ Pfd.	*Frischkäse (Doppelrahmstufe)*	*250 g*
½ Pfd.	*Schmelzkäse*	*250 g*
50 g	*Schweineschmalz*	*50 g*
5	*Zwiebeln*	*250 g*
4	*Stangen Porree*	*600 g*
2	*Knoblauchzehen*	*10 g*
1	*Liter Brühe*	*25 g*
1	*Glas trock. Weißwein*	*200 ml*
1 TL	*schwarzer Pfeffer, gestoß.*	—
½ TL	*Muskat*	—
	Salz	—

NÄHRWERTE	Kcal.	Fett/g	Prot./g	Kh./g	BE
Gesamt	3755	300	180	50	4,2
2 Port. à	1878	150	90	25	2,1
3 Port. à	1252	100	60	17	1,4
4 Port. à	939	75	45	13	1,1

Zwiebeln und Knoblauch fein hacken. Porree in Streifen schneiden. Schweineschmalz in einem großen Topf erhitzen. Das Gehackte darin anbraten, es dabei mit einem Kochlöffel zu Bröseln zerstoßen.

Zwiebeln, Knoblauch und Porree zugeben. Bei mittlerer Hitze 15 Minuten unter häufigem Rühren garen. Mit Brühe ablöschen und bei kleiner Flamme eine halbe Stunde köcheln. Frisch- und Schmelzkäse unterrühren, kurz aufkochen lassen. Wein, Pfeffer, Muskat zugeben und mit Salz abschmecken.

III. REZEPTE FÜR DIE ANABOLE DIÄT

4. FLEISCHGERICHTE

Ingwer paßt gut zu Chilis und Knoblauch; diese Gewürze geben dem einfachen Gericht eine besondere Note. Frischkäse und Olivenöl sorgen für einen ausreichenden Fettgehalt.

NÄHRWERTE	Kcal.	Fett/g	Prot./g	Kh./g	BE
Gesamt	2139	186	97	19	1,6
2 Port. à	1069	93	48	10	0,8
3 Port. à	713	62	32	6	0,5
4 Port. à	535	46	24	5	0,4

Pikante Frikadellchen

½ Pfd.	*Hackfleisch (Halb und Halb)*	*250 g*
300 g	*Tomaten*	*300 g*
100 g	*Frischkäse (Doppelrahmstufe)*	*100 g*
8 EL	*Olivenöl*	*80 ml*
2	*Eier*	*120 g*
2	*Knoblauchzehen*	*10 g*
2	*Chilischoten*	*20 g*
1	*Zwiebel*	*50 g*
50 g	*Grana Padano*	*50 g*
1	*Knolle Ingwer*	*10 g*
	Basilikum	—
	Salz und Pfeffer	—

Fleisch, Eier und Frischkäse in einer Schüssel vermengen. Zwiebel, Ingwer und Knoblauch fein hacken. Chilis entkernen und ebenfalls fein hacken. Zwiebel, Ingwer sowie die Hälfte des Knoblauchs und die Hälfte des Chilis zur Fleischmasse geben. Gut durchmischen, pfeffern und salzen.

Die Tomaten mit heißem Wasser überbrühen, enthäuten und durch ein Sieb passieren. Restlichen Knoblauch und Chilis dazugeben, ebenso die Hälfte des Olivenöls. Die Soße bei kleiner Hitze eine halbe Stunde einkochen.

Während die Soße kocht, aus der Fleischmasse kleine Bällchen formen und im restlichen Olivenöl gut durchbraten. Die Soße mit Basilikum, Pfeffer und Salz abschmecken und über die Fleischbällchen geben. Vor dem Servieren geriebenen Grana-Käse darüber streuen.

Gefüllte Paprikaschoten

½ Pfd.	*Hackfleisch (Halb und Halb)*	*250 g*
100 g	*Gouda, gerieben*	*100 g*
100 g	*Frischkäse (Doppelrahmstufe)*	*100 g*
4	*Paprika*	*640 g*
2	*Knoblauchzehen*	*10 g*
1	*Zwiebel*	*50 g*
1	*Chilischote*	*10 g*
1 TL	*Oregano*	—
½ TL	*Kümmel*	—

Ein einfaches Gericht, im Handumdrehen zubereitet. Variationen sind möglich mit Kräuterkäse für die Hackfleischmischung oder gereiftem Gouda für einen pikanteren Geschmack.

NÄHRWERTE	Kcal.	Fett/g	Prot./g	Kh./g	BE
Gesamt	1433	104	94	27	2,3
2 Port. à	716	52	47	14	1,1
3 Port. à	478	35	31	9	0,8
4 Port. à	358	26	23	7	0,6

Backofen auf 180 Grad vorheizen. Zwiebel, Knoblauchzehen und Chilischote fein hacken. Mit Hackfleisch und Frischkäse vermischen. Oregano und Kümmel zugeben, dann Hackfleischmasse mit Pfeffer und Salz abschmecken.

Paprikaschoten waschen und abreiben. Paprika öffnen, indem vorsichtig um den Stengel herum ausgeschnitten wird. Die Samen mit einem Löffel entfernen. Hackfleischmasse in die Paprikaschoten einfüllen. Paprika auf ein Backblech geben und im Backofen 20 Minuten garen.

Backblech hervorziehen und den geriebenen Gouda über die Paprika verteilen. Für einen Moment zurück in den Backofen schieben, bis der Käse geschmolzen ist, dann servieren.

Koteletts lassen sich auch ohne Panade hervorragend in der Pfanne zubereiten. Nehmen Sie nach Möglichkeit gut marmoriertes Fleisch, das schmeckt besser.

NÄHRWERTE	Kcal.	Fett/g	Prot./g	Kh./g	BE
Gesamt	900	51	92	16	1,3
2 Port. à	450	26	46	8	0,7
3 Port. à	300	17	31	5	0,4
4 Port. à	225	13	23	4	0,3

Koteletts in Tomatensoße

1 Pfd.	*Koteletts, durchwachsen*	**400 g*
½ Pfd.	*passierte Tomaten*	*250 g*
30 g	*Schweineschmalz*	*30 g*
2	*Zwiebeln*	*100 g*
2	*Knoblauchzehen*	*10 g*
1	*Bund Petersilie*	*25 g*
1 TL	*Oregano*	—
1 TL	*Thymian*	—
1 TL	*Rosmarin*	—
	Salz und Pfeffer	—

** Fleischanteil*

Zwiebeln und Knoblauch fein hacken. Koteletts an den Rändern einschneiden, damit sie sich in der Pfanne nicht wellen.

Schmalz in der Pfanne erhitzen und Koteletts bei mittlerer Hitze braten, häufiger wenden. Wenn das Fleisch von beiden Seiten gut gebräunt ist, Zwiebeln und Knoblauch zugeben. Sind die Zwiebeln glasig geworden, die passierten Tomaten über das Fleisch geben. Gut durchrühren und die Pfanne abdecken. Bei kleiner Hitze für weitere 10 Minuten köcheln lassen, dann Oregano, Thymian und Rosmarin zugeben. Koteletts wenden, gut durchrühren und abgedeckt noch einmal 5 Minuten ziehen lassen. Vor dem Servieren mit der gehackten Petersilie garnieren.

Leber mit Zwiebeln

1 Pfd.	*Kalbsleber*	*500 g*
3	*Zwiebeln*	*150 g*
1	*Glas Rotwein*	*200 ml*
6 EL	*Olivenöl*	*60 ml*
1	*Knoblauchzehe*	*5 g*
½ TL	*Rosmarin*	—
½ TL	*Basilikum*	—
½ TL	*Thymian*	—

Leber enthält große Mengen Omega-3 Fettsäuren, sowie reichlich Vitamine und Mineralien. Sie ist so gesund, daß sie mindestens einmal pro Woche auf dem Speiseplan stehen sollte.

NÄHRWERTE	Kcal.	Fett/g	Prot./g	Kh./g	BE
Gesamt	1397	81	99	34	2,9
2 Port. à	699	41	49	17	1,4
3 Port. à	466	27	33	11	1,0
4 Port. à	349	20	25	9	0,7

Leber waschen, trockentupfen und enthäuten (mit einem spitzen Messer das Häutchen rundherum abziehen), große Blutgefäße ebenfalls entfernen.

Olivenöl in der Pfanne erhitzen. Zwiebeln in Scheiben schneiden, Knoblauch fein hacken. Beides mit den Gewürzen in die Pfanne geben. Wenn die Zwiebeln glasig werden, die Leber hinzugeben und einige Minuten lang von beiden Seiten anbraten. Temperatur reduzieren, Wein hinzugeben, gut durchrühren. Pfanne abdecken und 15 Minuten köcheln lassen.

Zum Servieren die Leber auf Tellern anrichten, reichlich Zwiebeln und Soße darüber geben.

Ein schnell zubereiteter Auflauf, der am nächsten Tag aufgewärmt fast noch besser schmeckt.

Deftiger Fleischauflauf

1 Pfd.	*Hackfleisch (Halb und Halb)*	*500 g*
½ Pfd.	*Frischkäse (Doppelrahmstufe)*	*250 g*
50 g	*Schweineschmalz*	*50 g*
2	*Eier*	*120 g*
2	*Zwiebeln*	*100 g*
2	*Knoblauchzehen*	*10 g*
1	*Bund Schnittlauch*	*10 g*
1 TL	*Tabasco*	—
1 TL	*Kümmel*	—
	Salz und Pfeffer	—

NÄHRWERTE	Kcal.	Fett/g	Prot./g	Kh./g	BE
Gesamt	2747	234	144	15	1,3
2 Port. à	1374	117	72	8	0,6
3 Port. à	916	78	48	5	0,4
4 Port. à	687	58	36	4	0,3

Backofen auf 180 Grad vorheizen. Zwiebeln und Knoblauch fein hacken. Beides zusammen mit Fleisch, Eiern, einem Viertel des Frischkäses, Tabasco und Kümmel in einer großen Schüssel vermengen. Mit Salz und Pfeffer abschmecken.

Eine hohe Auflaufform großzügig mit Schmalz ausstreichen und mit der Fleischmasse füllen. Bei 180 Grad 75 Minuten backen. Herausnehmen, restlichen Frischkäse über dem Auflauf verstreichen, mit gehacktem Schnittlauch bestreuen und servieren.

Paprikapfanne

Ein Klassiker der studentischen Küche: Fleisch und Gemüse in der Pfanne angerichtet.

1 Pfd.	*Hackfleisch (Halb und Halb)*	*500 g*
3	*Paprika (rot, gelb, grün)*	*480 g*
3	*Tomaten*	*360 g*
2	*Zwiebeln*	*100 g*
2	*Knoblauchzehen*	*10 g*
1	*Glas trock. Weißwein*	*200 ml*
4 EL	*Olivenöl*	*40 ml*
1 TL	*schwarzer Pfeffer*	—
1 TL	*Cayennepfeffer*	—
	Salz	—

NÄHRWERTE	Kcal.	Fett/g	Prot./g	Kh./g	BE
Gesamt	1913	133	109	36	3,0
2 Port. à	956	67	55	18	1,5
3 Port. à	638	44	36	12	1,0
4 Port. à	478	33	27	9	0,8

Zwiebeln und Knoblauch fein hacken, Paprika in dünne Streifen schneiden, Tomaten entkernen und vierteln.

Olivenöl in einer Pfanne erhitzen, Zwiebeln und Knoblauch zugeben. Wenn die Zwiebeln glasig werden, das Hackfleisch zugeben und anbraten. Ist das Fleisch von allen Seiten gebräunt, Wein, Paprika und Tomaten zugeben. Bei kleiner Hitze einkochen, bis die Flüssigkeit fast ganz verschwunden ist. Schwarzen Pfeffer und Cayenne Pfeffer unterrühren, mit Salz abschmecken und servieren.

Eines meiner Lieblingsgerichte: Es ist schnell zubereitet und schmeckt wie im vornehmen Restaurant.

Pfeffersteak

1 Pfd.	*Rumpsteak*	*500 g*
1	*Becher Crème fraîche*	*150 g*
50 g	*Butter*	*50 g*
¼	*Glas Weinbrand*	*50 ml*
1	*Bund Petersilie*	*10 g*
2 TL	*schwarzer Pfeffer, grob geschrotet*	—
	Salz	—

NÄHRWERTE	Kcal.	Fett/g	Prot./g	Kh./g	BE
Gesamt	1486	98	112	6	0,5
2 Port. à	743	49	56	3	0,2
3 Port. à	495	33	37	2	0,2
4 Port. à	371	25	28	1	0,1

Das Steak waschen und trockentupfen. Das Fleisch salzen und beidseitig mit dem geschroteten Pfeffer bestreuen; den Pfeffer dann mit einen Nudelholz in das Fleisch drücken. Die Petersilie fein hacken.

Die Butter in einer Pfanne erhitzen. Das Steak bei mittlerer Hitze von beiden Seiten anbraten, bis der gewünschte Gargrad erreicht ist.

Mit Weinbrand ablöschen und flambieren. (Vorsicht: Ein langes Streichholz verwenden, beim Anzünden nicht über die Pfanne beugen!) Sobald die Flamme erloschen ist, Fleisch aus der Pfanne nehmen und warmhalten. Crème fraîche in den Bratensaft geben und bei starker Hitze und ständigem Rühren einige Minuten einkochen, bis eine cremige Soße entsteht.

Soße über das Steak geben und vor dem Servieren mit gehackter Petersilie bestreuen.

Koteletts mit Zwiebelbutter

1 Pfd.	*Koteletts, durchwachsen*	**400 g*
¼ Pfd.	*Butter*	*125 g*
4	*Schalotten*	*180 g*
1½	*Glas Rotwein*	*300 ml*
3 EL	*Essig*	*30 ml*
3 TL	*grüner Pfeffer, eingelegt*	—
1 TL	*Thymian*	—
	Salz und Pfeffer	—

** Fleischanteil*

Diese Zwiebelbutter ist wirklich einfach hergestellt und schmeckt hervorragend zu allen Arten von Grillfleisch.

NÄHRWERTE	Kcal.	Fett/g	Prot./g	Kh./g	BE
Gesamt	1756	125	91	14	1,1
2 Port. à	878	62	45	7	0,6
3 Port. à	585	42	30	5	0,4
4 Port. à	439	31	23	3	0,3

Schalotten fein hacken und mit Rotwein und Essig in einen Topf geben. Die Flüssigkeit bei kleiner Hitze völlig einkochen lassen und den Topf vom Herd nehmen.

Die Butter sollte Raumtemperatur haben; in kleine Stücke schneiden und mit dem Schneebesen in einer Schüssel weich rühren. Grünen Pfeffer mit einem Küchentuch sorgfältig trockentupfen und an die Butter geben, ebenso die abgekühlten Schalotten. Etwas salzen und solange rühren, bis eine cremige Masse entsteht. Eine Rolle daraus formen, in Alufolie wickeln und in den Kühlschrank geben.

Koteletts waschen und trockentupfen. Mit dem Thymianpulver einreiben, salzen und pfeffern. Auf dem Grill oder in der Pfanne mit wenig Fett garen. Zum Servieren die Zwiebelbutter in Scheiben schneiden und auf das Fleisch geben.

Erfordert etwas Vorbereitung, doch die Zeit ist gut investiert: Zwiebeln und Kräuter sind bei diesem Gericht „hoch dosiert". Das gibt dem Kalbfleisch einen unverwechselbaren Geschmack.

NÄHRWERTE	Kcal.	Fett/g	Prot./g	Kh./g	BE
Gesamt:	2015	97	229	52	4,3
2 Port. à	1007	49	115	26	2,2
3 Port. à	672	32	76	17	1,4
4 Port. à	504	24	57	13	1,1

Kalbsragout

2 Pfd.	*Kalbfleisch (Schulter oder Brust)*	*1000 g*
50 g	*Butter*	*50 g*
1	*Becher Crème fraîche*	*150 g*
8	*Zwiebeln*	*400 g*
6	*Karotten*	*450 g*
2 EL	*Tomatenmark*	*30 g*
1	*Tasse Brühe*	*6 g*
1	*Knoblauchzehe*	*5 g*
1	*Bund Petersilie*	*25 g*
1 TL	*Thymian*	—
1 TL	*Salbei*	—
1 TL	*Majoran*	—
	Salz und Pfeffer	—

Das Fleisch waschen und trockentupfen. In mundgerechte Stücke schneiden, pfeffern und salzen. Zwiebeln und Knoblauch fein hacken, Karotten in Scheiben schneiden.

Die Butter in einem großen Topf erhitzen, darin Zwiebeln und Knoblauch bräunen. Dann das Fleisch hineingeben und von allen Seiten anbraten. Karotten, Thymian, Salbei und Majoran zugeben, sowie das Tomatenmark. Einige Minuten gut durchrühren, dann mit Brühe ablöschen. Bei kleiner Flamme soweit einkochen, bis eine dicke Soße entstanden ist. Crème fraîche unterrühren und zum Servieren mit gehackter Petersilie bestreuen.

Lammkoteletts

600 g	*Lammkoteletts (8 bis 10 Stück)*	**450 g*
100 g	*Butter*	*100 g*
4	*Knoblauchzehen*	*20 g*
1	*Bund Basilikum*	*15 g*
½	*Glas Olivenöl*	*100 ml*
½ TL	*grobes Meersalz*	*—*
	Pfeffer	*—*

** Fleischanteil*

Ein klassisches Rezept. Wer Lammfleisch mag, wird dieses einfache Gericht lieben. Werden die Koteletts über Nacht in der Würzmasse mariniert, schmeckt man den Knoblauch kaum noch heraus.

NÄHRWERTE	Kcal.	Fett/g	Prot./g	Kh./g	BE
Gesamt	2212	200	96	7	0,6
2 Port. à	1106	100	48	3	0,3
3 Port. à	737	67	32	2	0,2
4 Port. à	553	50	24	2	0,1

Fleisch, Basilikum waschen und trockentupfen. Basilikumblätter von den Stengeln zupfen, mit Knoblauchzehen und Salz in den Mixer geben. Auf niedriger Stufe zerkleinern, dabei nach und nach Olivenöl zufügen, bis eine cremige Masse entsteht.

Koteletts pfeffern und von beiden Seiten mit der Würzmasse bestreichen. Auf dem Grill von beiden Seiten garen (oder im vorgeheizten Backofen bei 200 Grad für 25 Minuten backen).

Zum Servieren jedes Kotelett mit einem Stückchen Butter und einem Basilikumblatt versehen.

Das Ergebnis schmeckt wirklich nicht mehr nach Kochschinken. Zum Abgießen des Weines aus der heißen Auflaufform empfehlen sich dicke Topflappen. Den Schinken herausnehmen und auf einen Teller legen, erst dann die Flüssigkeit abgießen.

NÄHRWERTE	Kcal.	Fett/g	Prot./g	Kh./g	BE
Gesamt	2039	131	84	34	2,9
2 Port. à	1019	65	42	17	1,4
3 Port. à	680	44	28	11	1,0
4 Port. à	510	33	21	9	0,7

Schinken in Weinsoße

400 g	*Kochschinken (2 fingerdicke Scheiben)*	*400 g*
2	*Becher Crème fraîche*	*300 g*
3	*Glas trock. Weißwein*	*600 ml*
3	*Schalotten*	*135 g*
30 g	*Butter*	*30 g*
½ EL	*Tomatenmark*	*7,5 g*
2 EL	*Essig*	*20 ml*
2 TL	*weißer Pfeffer, gestoßen*	*—*
2 TL	*Estragon*	*—*

Backofen auf 180 Grad vorheizen. Schalotten fein hacken, Pfeffer im Mörser zerstoßen.

Wein und Estragon auf kleiner Flamme ganz kurz aufkochen. Vom Herd nehmen und einige Minuten ziehen lassen.

Die Schinkenscheiben in eine mit Butter bestrichene, flache Auflaufform legen. Den Estragon-Wein darüber geben und die Form mit Backpapier abdecken. Im vorgeheizten Backofen für 10 Minuten backen.

Schalotten, Essig und gestoßenen Pfeffer in einem Topf verrühren. Bei kleiner Flamme einkochen, bis fast keine Flüssigkeit mehr da ist.

Schinken aus dem Backofen nehmen und den Estragon-Wein aus der Auflaufform in einen Topf geben. Backofen ausstellen, den Schinken in der Auflaufform zum Warmhalten zurück in den Ofen geben.

Den Wein aufkochen und auf ein Drittel reduzieren. Die eingekochten Schalotten, Crème fraîche und das Tomatenmark dazugeben. Gut verrühren und noch einmal kurz aufkochen lassen. Mit Salz abschmecken und zum Servieren über den Schinken geben.

Geflügelpfanne

1	*kleines Hähnchen*	*1000 g*
200 g	*Bauchspeck*	*200 g*
1 Pfd.	*Tomaten*	*500 g*
4	*Paprika*	*640 g*
4	*Zwiebeln*	*200 g*
3	*Knoblauchzehen*	*15 g*
½	*Glas Olivenöl*	*100 ml*
1	*Bund Petersilie*	*25 g*
	Salz und Pfeffer	*—*

Ein etwas aufwendigeres Gericht, das aber die Mühe wert ist. Ergibt große Portionen; wem das zuviel wird, sollte die Reste aufgewärmt probieren.

NÄHRWERTE	Kcal.	Fett/g	Prot./g	Kh./g	BE
Gesamt	3376	241	251	48	4,0
2 Port. à	1688	121	125	24	2,0
3 Port. à	1125	80	84	16	1,3
4 Port. à	844	60	63	12	1,0

Das Hähnchen gründlich waschen und trockentupfen. In mundgerechte Stücke zerlegen; diese Stücke salzen und pfeffern.

Zwiebeln und Knoblauch fein hacken, Speck in kleine Streifen schneiden. Tomaten und Paprika enthäuten, jeweils die Kerne entfernen. Petersilie fein hacken.

Das Öl in einer Pfanne erhitzen. Den Speck darin für einige Minuten anbraten, dann heraus nehmen und zur weiteren Verwendung aufbewahren. Jetzt das Hähnchenfleisch in die Pfanne geben und von allen Seiten anbraten. Sind die Stücke gut gebräunt, auch sie herausnehmen. Dann Zwiebeln und Knoblauch in die Pfanne geben. Wenn die Zwiebeln glasig werden, das Fleisch und den bereits angebratenen Speck wieder dazugeben, ebenso wie die Tomaten und die Paprika.

Auf kleiner Flamme unter häufigem Rühren garen, bis die Flüssigkeit fast ganz verkocht ist. Zum Servieren mit gehackter Petersilie bestreuen.

Grüne Oliven sind meist stark gesalzen, deshalb bei diesem Gericht mit dem Salz geizen und erst ganz zum Schluß abschmecken.

NÄHRWERTE	Kcal.	Fett/g	Prot./g	Kh./g	BE
Gesamt	1585	120	108	4	0,4
2 Port. à	792	60	54	2	0,2
3 Port. à	528	40	36	1	0,1
4 Port. à	396	30	27	1	0,1

Kalbfleisch in Weißwein

1 Pfd.	*Kalbfleisch (Brust oder Lende)*	*500 g*
100 g	*grüne Oliven, entkernt*	*100 g*
50 g	*Butter*	*50 g*
½	*Glas trock. Weißwein*	*100 ml*
6 EL	*Olivenöl*	*60 ml*
10	*Salbeiblätter*	*—*
	Salz und Pfeffer	*—*

Das Fleisch waschen, trockentupfen, in große Stücke schneiden, salzen und pfeffern. Die Oliven unter kaltem Wasser abwaschen und trockentupfen.

Olivenöl und Butter in einer Pfanne erhitzen. Die Salbeiblätter in das erhitzte Fett geben und kurz andünsten, dann herausnehmen. Jetzt das Fleisch in die Pfanne geben und von allen Seiten anbraten. Ist das Fleisch gut gebräunt, mit dem Weißwein ablöschen. Die Oliven hinzugeben und auf kleiner Flamme für eine Viertelstunde köcheln lassen. Vor dem Servieren mit den Salbeiblättern garnieren.

Carpaccio

300 g	*Rinderfilet (roh)*	*300 g*
100 g	*Grana Padano*	*100 g*
6 EL	*Olivenöl*	*60 ml*
	Saft einer ½ Zitrone	*—*
	Salz und Pfeffer	*—*

Ein ganz schnelles Gericht – rohes Fleisch mit wenig Zutaten. Doch die Scheiben müssen hauchdünn geschnitten sein, sonst schmeckt es nicht.

NÄHRWERTE	Kcal.	Fett/g	Prot./g	Kh./g	BE
Gesamt	1287	100	97	0	0,0
2 Port. à	644	50	48	0	0,0
3 Port. à	429	33	32	0	0,0
4 Port. à	322	25	24	0	0,0

Das Rinderfilet vom Metzger in ganz dünne Scheiben schneiden lassen (das muß in der Regel vorbestellt werden). Falls eine elektrische Schneidemaschine vorhanden ist, das Fleisch zwei Stunden im Tiefkühlfach anfrieren, dann in sehr dünne Scheiben schneiden und die Teller damit auslegen.

Vor dem Servieren einige Zeit einplanen: Das Fleisch sollte Raumtemperatur annehmen. Ist es soweit, pfeffern, salzen und einige Spritzer Zitronensaft über das Fleisch geben. Den Käse über das Fleisch reiben, dann Olivenöl über die Teller verteilen.

Statt Rumpsteak kann auch Roastbeef oder Filet genommen werden. Die Sour Cream sorgt für einen erträglichen Fettgehalt.

NÄHRWERTE	Kcal.	Fett/g	Prot./g	Kh./g	BE
Gesamt	1632	110	140	15	1,2
2 Port. à	816	55	70	7	0,6
3 Port. à	544	37	47	5	0,4
4 Port. à	408	28	35	4	0,3

Steak mit Sour Cream

1 Pfd.	*Rumpsteak*	*500 g*
1 Pack.	*Quark (Vollfettstufe)*	*250 g*
1	*Becher Crème fraîche*	*150 g*
30 g	*Butter*	*30 g*
1	*Schalotte*	*45 g*
1	*Knoblauchzehe*	*5 g*
1	*Bund Dill*	*5 g*
1	*Bund Schnittlauch*	*10 g*
1 EL	*Essig*	*10 ml*
	Salz und Pfeffer	—

Das Fleisch waschen und trockentupfen. Quark mit Crème fraîche verrühren. Schalotte und Knoblauch fein hacken, in die Sour Cream einrühren. Die Kräuter waschen, gründlich trockentupfen, fein hacken und ebenfalls einrühren. Den Essig zugeben und mit Salz und Pfeffer abschmecken.

Butter in einer Pfanne erhitzen und die Steaks von beiden Seiten braten, bis der gewünschte Gargrad erreicht ist. Salzen, pfeffern und mit der Sour Cream servieren.

Spare Ribs

Ein einfaches Rezept für dieses köstliche „Finger Food". Dazu braucht man nur noch ein gutes Bier (und natürlich jede Menge Servietten).

4 Pfd.	*Rippchen*	**500 g*
100 g	*Butter*	*100 g*
2	*Zwiebeln*	*100 g*
1	*Tasse Brühe*	*6 g*
2 EL	*Ketchup*	*30 g*
2 EL	*schwarzer Pfeffer, gestoß.*	—
1 EL	*Majoran*	—
1 EL	*Chilipulver*	—
1 TL	*Tabasco*	—
	Salz	—

** Fleischanteil*

NÄHRWERTE	Kcal.	Fett/g	Prot./g	Kh./g	BE
Gesamt	1601	124	106	14	1,2
2 Port. à	801	62	53	7	0,6
3 Port. à	534	41	35	5	0,4
4 Port. à	400	31	27	4	0,3

Die Rippchen auseinander schneiden, waschen, trockentupfen. Zwiebeln fein hacken und mit dem Majoran in der Brühe verrühren. Die Rippchen mit dieser Marinade bestreichen und eine Stunde ziehen lassen. Dann Rippchen in einen Topf geben. Mit Wasser auffüllen, zum Kochen bringen und abgedeckt auf kleiner Flamme 20 Minuten köcheln. Fleisch herausnehmen, abtropfen und abkühlen lassen.

Den gestoßenen Pfeffer mit Butter, Ketchup und Tabasco in einer Schüssel vermengen. Die Rippchen von allen Seiten mit der Soße bestreichen und auf dem Grill oder in einer Pfanne von beiden Seiten garen, bis sie braun und knusprig sind.

Koteletts, vornehm angerichtet: Ohne Panade in Olivenöl gebraten, schmecken sie ohnehin schon vorzüglich. In Kombination mit den vom Wein tiefrot gefärbten, sehr würzigen Zwiebeln sind diese Koteletts wirklich ein Gedicht.

NÄHRWERTE	Kcal.	Fett/g	Prot./g	Kh./g	BE
Gesamt	1485	113	89	11	0,9
2 Port. à	743	56	45	5	0,4
3 Port. à	495	38	30	4	0,3
4 Port. à	371	28	22	3	0,2

Koteletts in Zwiebelmus

1 Pfd.	*Koteletts, durchwachsen**	*400 g*
50 g	*Butter*	*50 g*
2	*Knoblauchzehen*	*10 g*
2	*Zwiebeln*	*100 g*
5 EL	*Olivenöl*	*50 ml*
½	*Glas Rotwein*	*100 ml*
½	*Tasse Brühe*	*3 g*
1 TL	*schwarzer Pfeffer, gestoß.*	*—*
	Salz	*—*

** Fleischanteil*

Koteletts waschen und trockentupfen, dann salzen und pfeffern. Zwiebeln und Knoblauch fein hacken. Pfeffer im Mörser zerstampfen. Brühe anrühren.

Das Öl in einer großen Pfanne erhitzen und die Koteletts von beiden Seiten anbraten. Wenn das Fleisch gar ist, herausnehmen und warm stellen (z.B. im auf niedriger Stufe vorgeheizten Backofen).

In der Pfanne mit Öl und Bratensaft jetzt die Zwiebeln anrichten: Bei mittlerer Hitze Butter, Zwiebeln und Knoblauch dazugeben. Wenn die Zwiebeln glasig geworden sind, Wein, Brühe und Pfeffer hinzugeben. Bei großer Hitze unter ständigem Rühren für einige Minuten einkochen, bis das Wasser aus der Soße entwichen ist. Mit Salz abschmecken.

Zum Servieren die Zwiebeln über die Koteletts geben und mit dem restlichen Bratensaft begießen.

Salami-Tartar

200 g	*Salami, fett und würzig*	*200 g*
100 g	*Grana Padano*	*100 g*
1	*Zwiebel*	*50 g*
1	*Bund Petersilie*	*25 g*
5 EL	*Olivenöl*	*50 ml*

Ein pikanter und sättigender Wurstsalat, superschnell angerichtet. Die Salami sollte allerdings reichlich Fett enthalten, dann läßt sie sich mit der Gabel besser auflösen.

NÄHRWERTE	Kcal.	Fett/g	Prot./g	Kh./g	BE
Gesamt	1622	144	77	4	0,4
2 Port. à	811	72	38	2	0,2
3 Port. à	541	48	26	1	0,1
4 Port. à	406	36	19	1	0,1

Die Salami vom Metzger in Scheiben schneiden lassen. Jeweils einen fingerdicken Salamistapel mit einem scharfen Messer in Stücke schneiden, je kleiner, desto besser. Den Käse raspeln, Petersilie und Zwiebel fein hacken.

Alle Zutaten mit dem Öl in einer Schüssel vermengen. Mit einer Gabel gut durchkneten, bis eine homogene Masse ensteht.

III. REZEPTE FÜR DIE ANABOLE DIÄT

5. FISCH & MEERESFRÜCHTE

Garnelen in roter Soße

Gut geeignet als Vorspeise oder als kalorienarmes Hauptgericht.

½ Pfd.	Garnelen, geschält	250 g
6	Tomaten	720 g
4 EL	Olivenöl	40 ml
1	Zwiebel	50 g
2	Knoblauchzehen	10 g
1	Knolle Ingwer	10 g
½ TL	Koriander	—
1	Spritzer Zitronensaft	—
	Salz und Pfeffer	—

NÄHRWERTE	Kcal.	Fett/g	Prot./g	Kh./g	BE
Gesamt	733	45	55	25	2,1
2 Port. à	367	23	27	13	1,0
3 Port. à	244	15	18	8	0,7
4 Port. à	183	11	14	6	0,5

Garnelen waschen und abtupfen. Tomaten überbrühen, enthäuten und von den Kernen befreien. Zwiebel, Knoblauch, Ingwer und Koriander jeweils fein hacken.

Olivenöl in der Pfanne erhitzen. Zwiebel und Knoblauch hineingeben und braun werden lassen. Tomaten, Ingwer und Koriander hinzufügen. Einige Minuten köcheln, häufiger umrühren. Dann Garnelen hinzugeben und etwa 10 Minuten garen. Auf Tellern anrichten; dabei etwas Zitronensaft auf die Garnelen geben.

Krabben und Avocado

100 g	*Nordseekrabben, geschält*	*100 g*
2	*reife Avocados*	**240 g*
¾	*Glas Olivenöl*	*150 ml*
2	*Eigelbe (Zimmertemperatur)*	*40 g*
1 TL	*Dijon-Senf*	*10 g*
1 TL	*Paprikapulver*	—
	Saft einer ½ Zitrone	—
	Salz und Pfeffer	—

**Fruchtfleisch*

Bio-Avocados sind zwar teurer und kleiner, schmecken aber deutlich besser als die Massenware.

NÄHRWERTE	Kcal.	Fett/g	Prot./g	Kh./g	BE
Gesamt	2119	221	30	2	0,1
2 Port. à	1059	111	15	1	0,1
3 Port. à	706	74	10	1	0,0
4 Port. à	530	55	8	0	0,0

Avocados längs durchschneiden und den Kern entfernen. Zitrone halbieren. Das Fruchtfleisch der Avocado mit Zitronensaft beträufeln, leicht salzen und pfeffern. Krabben waschen und trockentupfen.

Mayonnaise anrühren: Senf in einer Tasse mit zwei Eßlöffeln Öl gründlich verrühren, bis eine homogene Masse entsteht. Diese Senfmasse in den Mixer geben. Eier aufschlagen, Eigelb und Eiweiß trennen. Eigelbe zur Senfmasse in den Mixer geben. Mixer auf niedriger Stufe anstellen und durch den Deckel das restliche Öl tröpfchenweise zugeben, bis die Masse fest wird.

Krabben und Mayonnaise verrühren. Die Masse in die Avocadohälften füllen und mit Paprikapulver bestreuen. Bis zum Servieren in den Kühlschrank stellen, kühl servieren.

Ein schnell zubereitetes und sehr würziges Gericht. Beim Einkauf des Lachsfilets sollte bedacht werden, daß Zuchtlachs aufgrund der Fütterung in den Fischfarmen weniger Omega-3 Fettsäuren enthält.

NÄHRWERTE	Kcal.	Fett/g	Prot./g	Kh./g	BE
Gesamt	1642	131	102	7	0,6
2 Port. à	821	65	51	4	0,3
3 Port. à	547	44	34	2	0,2
4 Port. à	410	33	26	2	0,1

Lachscurry

1 Pfd.	*Lachsfilet*	*500 g*
1	*Zwiebel*	*50 g*
1	*Knoblauchzehe*	*5 g*
75 g	*Butter*	*75 g*
1	*Tasse Brühe*	*6 g*
4 EL	*trockener Weißwein*	*40 ml*
1	*Knolle Ingwer*	*10 g*
2 TL	*Currypulver*	—
½ TL	*Koriander*	—
½ TL	*Cayennepfeffer*	—

Backofen auf 180 Grad vorheizen. Das Fischfilet waschen und in eine flache Auflaufform geben. Eine Tasse Brühe mit heißem Wasser anrühren und in eine Schüssel geben. Die Butter darin schmelzen lassen.

Zwiebel, Knoblauch und Ingwer fein hacken und in die Brühe geben. Weißwein zugeben, Curry, Koriander und Pfeffer in die Brühe einrühren, mit Salz abschmecken.

Currysoße über den Fisch geben, Auflaufform mit Alufolie abdecken und 20 Minuten backen.

Lachs in Olivenöl

1 Pfd.	*Lachsfilet*	*500 g*
4	*Tomaten*	*480 g*
5 EL	*Olivenöl*	*50 ml*
1	*Bund Petersilie*	*25 g*
	Saft einer ½ Zitrone	*—*
	Salz und Pfeffer	*—*

Ein einfaches Gericht, das immer wieder begeistert. Bei den wenigen Zutaten zahlt es sich aus, ein gutes kaltgepreßtes Olivenöl zu benutzen. So erhält der Fisch eine besondere Note.

NÄHRWERTE	Kcal.	Fett/g	Prot./g	Kh./g	BE
Gesamt	1554	119	105	14	1,2
2 Port. à	777	60	53	7	0,6
3 Port. à	518	40	35	5	0,4
4 Port. à	389	30	26	4	0,3

Öl in einer Pfanne erhitzen. Das Fischfilet in mehrere Stücke schneiden und bei mittlerer Hitze von beiden Seiten braten. Wenn der Fisch beinahe gar ist, salzen und pfeffern. Tomaten vierteln und für einige Minuten mit in die Pfanne geben.

Fischfilets mit Tomatenvierteln auf den Tellern anrichten. Das Öl aus der Pfanne darüber geben, Fisch mit Zitronensaft beträufeln und mit Petersilie garnieren.

Der Kabeljau-Fang hat einst ganze Küstenlandstriche reich gemacht. Der wohlschmeckende Kaltwasserfisch enthält ebenfalls Omega-3 Fettsäuren.

Kabeljau in Buttersoße

1 Pfd.	*Kabeljau (Filets)*	*500 g*
100 g	*Butter*	*100 g*
4	*Schalotten*	*180 g*
1	*Glas trock. Weißwein*	*200 ml*
1	*Bund Dill*	*5 g*
2 EL	*Essig*	*20 ml*
½ TL	*weißer Pfeffer*	—
	Salz	—

NÄHRWERTE	Kcal.	Fett/g	Prot./g	Kh./g	BE
Gesamt	1324	87	92	12	1,0
2 Port. à	662	43	46	6	0,5
3 Port. à	441	29	31	4	0,3
4 Port. à	331	22	23	3	0,2

Backofen auf 200 Grad vorheizen. Fischfilet waschen und in eine flache Auflaufform geben. Mit Alufolie abdecken und 20 Minuten backen.

Butter in kleine Stücke schneiden. Schalotten fein hacken und mit Essig und Weißwein in einem kleinen Topf erhitzen. Flüssigkeit soweit reduzieren, bis gerade einmal ein Eßlöffel übrig bleibt. Bei schwacher Hitze die Butter stückweise mit dem Schneebesen unterrühren, Soße darf dabei nicht kochen. Pfeffer zugeben und mit Salz abschmecken.

Soße über den Fisch geben, mit gehacktem Dill bestreuen und servieren.

Heringsstipp

1 Pfd.	*Matjesfilets*	*500 g*
2	*Becher Crème fraîche*	*300 g*
3	*Zwiebeln*	*150 g*
3	*Gewürzgurken*	*60 g*
1 TL	*schwarzer Pfeffer, gestoß.*	*—*

Ein Klassiker der deutschen Küche. Statt Crème fraîche kann auch süße Sahne verwendet werden; allerdings wird die Tunke damit dünnflüssig.

NÄHRWERTE	Kcal.	Fett/g	Prot./g	Kh./g	BE
Gesamt	2288	203	89	19	1,6
2 Port. à	1144	102	45	9	0,8
3 Port. à	763	68	30	6	0,5
4 Port. à	572	51	22	5	0,4

Fischfilets in ein Sieb geben, unter fließendem Wasser gründlich abwaschen, trockentupfen und in kleine Stücke schneiden. Gurken in kleine Würfel schneiden, Zwiebeln fein hacken.

Fisch, Gurken und Zwiebeln mit der Sahne vermengen, Pfeffer zugeben und einige Stunden kühl stellen. Bei Zimmertemperatur servieren.

Sardinen sind eine der besten Quellen für Omega-3 Fettsäuren. Zitronensaft und Petersilie sorgen für einen frischen, leichten Geschmack. Trotzdem sehr sättigend.

Sardinenpaste

180 g	*Sardinenfilets in Öl (2 kleine Dosen)*	*180 g*
300 g	*Karotten*	*300 g*
100 g	*Cheddar*	*100 g*
6 EL	*Olivenöl*	*60 ml*
50 g	*Frischkäse (Doppelrahmstufe)*	*50 g*
1	*Bund Petersilie*	*25 g*
1	*rote Zwiebel*	*50 g*
1 TL	*Dijon-Senf*	*10 g*
	Saft einer ½ Zitrone	*—*
	Salz und Pfeffer	*—*

NÄHRWERTE	Kcal.	Fett/g	Prot./g	Kh./g	BE
Gesamt	1495	123	73	21	1,7
2 Port. à	748	62	37	10	0,9
3 Port. à	498	41	24	7	0,6
4 Port. à	374	31	18	5	0,4

Fisch in ein Sieb geben und das Öl unter fließendem Wasser gründlich abwaschen. Trockentupfen, in eine Schüssel geben und mit Zitronensaft beträufeln.

Zwiebel und Petersilie fein hacken (einige Blätter zum Garnieren zurückbehalten), Cheddar-Käse raspeln. Fisch mit Zwiebel, Petersilie, Käse, Senf und Olivenöl vermengen. Mit einer Gabel solange durchdrücken, bis eine homogene Masse entsteht.

Karotten waschen und raspeln. Die Fischmasse auf den Tellern in einem Bett aus Möhrenraspeln anrichten. Jeweils einen Klecks Frischkäse darauf setzen und mit der restlichen Petersilie garnieren.

Räucherlachs mit Rührei

Das Standardgericht aus dem Speisewagen der Deutschen Bahn. Schmeckt viel besser, wenn es selbst zubereitet wird.

150 g	*geräucherter Lachs*	*150 g*
6	*Eier*	*360 g*
50 g	*Butter*	*50 g*
1	*Bund Petersilie*	*25 g*
1	*Bund Dill*	*5 g*
	Saft einer ½ Zitrone	—
	Salz und Pfeffer	—

NÄHRWERTE	Kcal.	Fett/g	Prot./g	Kh./g	BE
Gesamt	1156	92	77	5	0,4
2 Port. à	578	46	38	2	0,2
3 Port. à	385	31	26	2	0,1
4 Port. à	289	23	19	1	0,1

Lachs rechtzeitig aus dem Kühlschrank nehmen. Erst wenn der Fisch Zimmertemperatur hat, mit der Zubereitung beginnen.

Dill und Petersilie fein hacken; die Hälfte der Petersilie zum Garnieren zurückbehalten.

Eier mit Petersilie und Dill vermengen, salzen und pfeffern. Butter in einer Pfanne erhitzen und die Ei-Masse unter häufigem Rühren garen.

Lachsstreifen auf den Tellern anrichten. Mit Zitrone beträufeln, mit Petersilie garnieren und mit dem Rührei servieren.

Nicht den schlechtesten Wein wählen; durch die große Menge dominiert der Weingeschmack in diesem Gericht.

Kabeljau in Weinsoße

1 Pfd.	*Kabeljau (Filets)*	*500 g*
200 g	*Karotten*	*200 g*
¼	*Knolle Sellerie*	*200 g*
1	*Becher Crème fraîche*	*150 g*
3	*Glas trock. Weißwein*	*600 ml*
1	*Lorbeerblatt*	—
½ TL	*weißer Pfeffer*	—
	Saft einer ½ Zitrone	—
	Salz	—

NÄHRWERTE	Kcal.	Fett/g	Prot./g	Kh./g	BE
Gesamt	1349	49	98	35	2,9
2 Port. à	675	25	49	17	1,4
3 Port. à	450	16	33	12	1,0
4 Port. à	337	12	24	9	0,7

Fischstücke waschen und abtupfen. Mit Zitronensaft beträufeln und salzen; dabei das Salz leicht einreiben.

Karotten und Sellerie waschen und raspeln. Beides mit Wein und Lorbeerblatt in einem großen Topf zum Kochen bringen. Das Gemüse nach einigen Minuten mit einem Schöpflöffel herausnehmen und warm stellen. Crème fraîche in den Sud einrühren, mit Pfeffer abschmecken. Kabeljaustücke in der Soße eine Viertelstunde bei schwacher Hitze garen, häufiger wenden.

Den Fisch auf Tellern im Gemüsebett anrichten und mit der Weinsoße übergießen.

Makrelenpaste

1 Pfd.	*geräucherte Makrele*	*500 g*
1 Pack.	*Frischkäse (Doppelrahmstufe)*	*200 g*
3	*Paprika (grün, rot, gelb)*	*480 g*
3 EL	*Olivenöl*	*30 ml*
1	*Zwiebel*	*50 g*
1	*Bund Schnittlauch*	*10 g*
½ TL	*weißer Pfeffer*	—
	Saft einer ½ Zitrone	—
	Salz	—

Makrelen zählen zu den besten Lieferanten für Omega-3 Fettsäuren. In Kombination mit Frischkäse ergibt sich ein sättigendes, sehr gesundes Gericht.

NÄHRWERTE	Kcal.	Fett/g	Prot./g	Kh./g	BE
Gesamt	1967	154	122	22	1,8
2 Port. à	984	77	61	11	0,9
3 Port. à	656	51	41	7	0,6
4 Port. à	492	38	30	5	0,5

Paprika entstielen, entkernen und in dünne Streifen schneiden, die drei Sorten gut durchmischen.

Zwiebel und Schnittlauch fein hacken; etwas gehackten Schnittlauch zum Garnieren zurückbehalten.

Die Makrele öffnen und das Rückgrat entfernen. Das Fleisch herauslösen und mit einer Gabel zerdrücken. Eventuell übrig gebliebene Gräten sorgfältig entfernen.

Makrelenfleisch und Olivenöl im Mixer pürieren. Frischkäse, Zwiebeln und Schnittlauch zugeben und gut durchmixen, bis eine homogene Masse entsteht. Mit Zitrone, Salz und Pfeffer abschmecken.

Makrelenmasse in einem Bett von Paprikastreifen auf den Tellern anrichten und mit dem restlichen Schnittlauch bestreuen.

Ein schnell zubereiteter Auflauf, der wirklich gut schmeckt. Vor dem Servieren noch einmal mit Salz abschmecken; Crème fraîche und Sahne neutralisieren stark.

Lachsauflauf

1 Pfd.	*Lachsfilet*	*500 g*
1	*Becher Schmand*	*250 g*
1	*Becher Crème fraîche*	*150 g*
30 g	*Butter*	*30 g*
2	*Bund Dill*	*20 g*
3 TL	*Dijon-Senf*	*30 g*
	Salz	—

NÄHRWERTE	Kcal.	Fett/g	Prot./g	Kh./g	BE
Gesamt	2324	200	112	16	1,3
2 Port. à	1162	100	56	8	0,7
3 Port. à	775	67	37	5	0,4
4 Port. à	581	50	28	4	0,3

Backofen auf 200 Grad vorheizen. Dill waschen und fein hacken. Fischfilet waschen und abtupfen. Beidseitig mit Zitronensaft beträufeln und salzen; das Salz dabei leicht einreiben.

Eine flache Auflaufform mit Butter bestreichen und den Fisch hineingeben. Auf der Oberseite des Fischfilets 2 TL Senf gleichmäßig verstreichen. Restlichen Senf, Dill, Schmand und Crème fraîche in einer Schüssel vermengen. Mit Salz abschmecken. Soße über den Fisch geben und im Backofen für 30 Minuten garen.

Feldsalat mit Forellenpaste

½ Pfd.	*geräucherte Forellen (Filets)*	*250 g*
200 g	*Crème fraîche*	*200 g*
150 g	*Feldsalat*	*150 g*
1	*Bund Schnittlauch*	*10 g*
3 EL	*Olivenöl*	*30 ml*
½	*Glas trock. Weißwein*	*100 ml*
1 TL	*Dijon-Senf*	*10 g*
1 TL	*schwarzer Pfeffer, gestoß.*	–
	Saft einer ½ Zitrone	—
	Salz	—

Protein, Fett und Ballaststoffe ansprechend zubereitet: Mintgrüne Salatsoße und tiefgrüner Feldsalat. Im Handumdrehen fertig, schmeckt umwerfend.

NÄHRWERTE	Kcal.	Fett/g	Prot./g	Kh./g	BE
Gesamt	1232	98	57	11	0,9
2 Port. à	616	49	29	6	0,5
3 Port. à	411	33	19	4	0,3
4 Port. à	308	25	14	3	0,2

Feldsalat waschen und trockentupfen. Schnittlauch fein hacken. Fisch in ein Sieb geben, unter fließendem Wasser gründlich abwaschen und trockentupfen. Den Fisch dann in den Mixer geben und mit Wein und Olivenöl pürieren. Crème fraîche, Schnittlauch und Senf zugeben; gut durchmischen. Mit Zitronensaft, Pfeffer und Salz abschmecken.

In einer großen Schüssel Feldsalat und Forellenmasse vermischen, sofort servieren.

Lassen Sie sich von der geringen Menge Thunfisch nicht täuschen: Crème fraîche und Olivenöl liefern ordentlich Kalorien.

Thunfischsalat

1	*Dose Thunfisch in Öl (Einwaage ausgepreßt)*	*140 g*
1	*kl. Kopf Eisbergsalat*	*600 g*
4	*Eier*	*240 g*
1	*Becher Crème fraîche*	*150 g*
1	*Zwiebel*	*50 g*
1	*Knoblauchzehe*	*5 g*
2 EL	*Olivenöl*	*20 ml*
1 TL	*Dijon-Senf*	*10 g*
	Salz und Pfeffer	*—*

NÄHRWERTE	Kcal.	Fett/g	Prot./g	Kh./g	BE
Gesamt	1454	118	73	21	1,7
2 Port. à	727	59	36	10	0,9
3 Port. à	485	39	24	7	0,6
4 Port. à	364	30	18	5	0,4

Eier hartkochen (10 Minuten in kochendem Wasser). Abschrecken und abkühlen lassen.

Salatkopf von den äußeren Blättern befreien und waschen. Blätter abzupfen und ein Bett aus Salatblättern auf zwei Tellern anrichten.

Zwiebel und Knoblauch fein hacken und mit Crème fraîche und Öl verrühren.

Fisch in ein Sieb geben und das Öl unter fließendem Wasser gründlich abwaschen. Mit Küchentüchern trocknen und in eine Schüssel geben.

Thunfisch mit der angerichteten Crème fraîche vermischen, mit Salz und Pfeffer abschmecken und auf die Salatblätter in die Mitte des Tellers geben. Eier mit einem scharfen Messer der Länge nach vierteln. Die Eiviertel im Kreis um die Thunfischmasse anrichten.

III. REZEPTE FÜR DIE ANABOLE DIÄT

6. GERICHTE MIT EI

Wer es salziger mag, kann statt gekochtem Schinken auch geräucherten Schinken oder Bauchspeck einsetzen.

NÄHRWERTE	Kcal.	Fett/g	Prot./g	Kh./g	BE
Gesamt	1067	77	78	15	1,2
2 Port. à	533	39	39	7	0,6
3 Port. à	356	26	26	5	0,4
4 Port. à	267	19	20	4	0,3

Bauernfrühstück

6	*Eier*	*360 g*
150 g	*Kochschinken*	*150 g*
30 g	*Schweineschmalz*	*30 g*
2	*Tomaten*	*240 g*
1	*Zwiebel*	*50 g*
1	*Bund Petersilie*	*25 g*
1	*Bund Schnittlauch*	*10 g*
	Salz und Pfeffer	—

Tomaten vierteln, Zwiebel, Schnittlauch und Petersilie fein hacken. Die Eier in eine Schüssel schlagen; Eigelb und Eiweiß vermengen. Petersilie und die Hälfte des Schnittlauchs unterrühren. Eine Prise Salz und Pfeffer zugeben.

Das Schmalz in einer großen Pfanne erhitzen. Die Schinkenscheiben darin bei mittlerer Hitze anbraten, bis der Fettrand weitgehend geschmolzen ist. Schinken herausnehmen und warm stellen.

Zwiebel in die Pfanne geben und glasig werden lassen. Dann Tomaten und Ei-Mischung zugeben. Unter ständigem Rühren garen, bis die Eier gut durch sind. Zum Servieren auf jeden Teller eine Schinkenscheibe geben, mit Rührei bedecken und mit gehacktem Schnittlauch bestreuen.

Eier mit Käse

6	*Eier*	*360g*
30g	*Butter*	*30g*
100g	*Gouda, gerieben*	*100g*
2EL	*Tomatenketchup*	*30g*
½TL	*Muskat*	*—*
	Salz und Pfeffer	*—*

Das perfekte Frühstück: Blitzschnell zubereitet, schmeckt es gut und hält lange satt.

NÄHRWERTE	Kcal.	Fett/g	Prot./g	Kh./g	BE
Gesamt	1149	91	72	11	0,9
2 Port. à	575	46	36	5	0,5
3 Port. à	383	30	24	4	0,3
4 Port. à	287	23	18	3	0,2

Die Eier in eine Schüssel schlagen. Eigelb und Eiweiß vermengen. Eine Prise Salz und Pfeffer zugeben. Käse in eine Tasse reiben und bereitstellen.

Butter in der Pfanne erhitzen, die Eier hinzugeben. Sobald die Eier etwas fest geworden sind, den Käse darüber geben. Mit Muskat bestreuen und unter ständigem Rühren garen, bis die Eier gut durch sind und der Käse geschmolzen ist.

Zum Servieren etwas Ketchup über das Rührei geben.

Zwiebeln dienen nicht nur der Würze, sie enthalten wertvolle Antioxidantien und sind damit sehr gesund.

Rühreier mit Zwiebeln

6	*Eier*	*360g*
1	*Zwiebel*	*50g*
30g	*Schweineschmalz*	*30g*
	Salz und Pfeffer	*—*

NÄHRWERTE	Kcal.	Fett/g	Prot./g	Kh./g	BE
Gesamt	842	71	47	5	0,4
2 Port. à	421	35	23	2	0,2
3 Port. à	281	24	16	2	0,1
4 Port. à	210	18	12	1	0,1

Zwiebel in Ringe schneiden. Die Eier in eine Schüssel schlagen. Eigelb und Eiweiß vermengen. Eine Prise Salz und Pfeffer zugeben.

Das Schmalz in der Pfanne erhitzen und die Zwiebel bei mittlerer Hitze bräunen, dabei häufiger umrühren. Die Ei-Mischung hinzugeben und unter ständigem Rühren garen, bis die Eier gut durch sind.

Toskanische Eier

6	*Eier*	*360 g*
½	*Becher Crème fraîche*	*75 g*
3 EL	*Olivenöl*	*30 g*
1	*Bund Petersilie*	*25 g*
1 TL	*Basilikum*	*—*
1 TL	*Oregano*	*—*
	Salz und Pfeffer	*—*

Eier mit italienischen Kräutern: Wählen Sie die Petersilie mit den glatten Blättern, die ist viel aromatischer.

NÄHRWERTE	Kcal.	Fett/g	Prot./g	Kh./g	BE
Gesamt	1066	93	49	7	0,6
2 Port. à	533	47	24	3	0,3
3 Port. à	355	31	16	2	0,2
4 Port. à	266	23	12	2	0,1

Petersilie fein hacken. Die Eier in eine Schüssel schlagen. Eigelb, Eiweiß und Crème fraîche mit einem Löffel vermengen. Die Hälfte der Petersilie, Basilikum und Oregano, sowie eine Prise Salz und Pfeffer zugeben. Gut durchrühren.

Das Öl in der Pfanne erhitzen und die Ei-Mischung unter ständigem Rühren garen. Mit der restlichen Petersilie bestreuen und servieren.

Schnell zubereitet und kalt serviert sind Curry Eier eine eigene Mahlzeit; sie munden aber auch zu kalten Platten oder Tapas-Zubereitungen.

Curry Eier

6	*Eier*	*360 g*
½	*Becher Crème fraîche*	*75 g*
1 EL	*Olivenöl*	*10 ml*
1 TL	*Dijon-Senf*	*10 g*
1 TL	*Currypulver*	—
	Salz und Pfeffer	—

NÄHRWERTE	Kcal.	Fett/g	Prot./g	Kh./g	BE
Gesamt	883	74	48	6	0,5
2 Port. à	442	37	24	3	0,2
3 Port. à	294	25	16	2	0,2
4 Port. à	221	18	12	1	0,1

Die Eier hart kochen (10 Minuten in kochendem Wasser). Aus dem Wasser nehmen, gut abschrecken und abkühlen lassen.

Abgekühlte Eier der Länge nach halbieren. Die Eigelbe dabei in einer Schüssel sammeln und mit Crème fraîche, Olivenöl, Senf sowie Currypulver vermengen. Gut vermischen und mit Pfeffer und Salz abschmecken. Die Masse wieder in die Ei-Hälften füllen. Gekühlt servieren.

Gefüllte Eier

6	*Eier*	*360 g*
½	*Becher Crème fraîche*	*75 g*
1 EL	*Olivenöl*	*10 ml*
1	*Bund Dill*	*10 g*
1 TL	*Essig*	*5 ml*
	Salz und Pfeffer	*—*

Eine Variation mit Dill und Essig; macht sich auch gut als Vorspeise. Kann für eine größere Runde auch zusammen mit Curry Eiern serviert werden.

NÄHRWERTE	Kcal.	Fett/g	Prot./g	Kh./g	BE
Gesamt	880	73	48	6	0,5
2 Port. à	440	37	24	3	0,2
3 Port. à	293	24	16	2	0,2
4 Port. à	220	18	12	1	0,1

Die Eier hart kochen (10 Minuten in kochendem Wasser). Aus dem Wasser nehmen, gut abschrecken und abkühlen lassen. Dill waschen und fein hacken.

Abgekühlte Eier der Länge nach halbieren. Die Eigelbe dabei in einer Schüssel sammeln und mit Crème fraîche, Olivenöl, Essig und der Hälfte des gehackten Dills vermengen. Gut vermischen und mit Pfeffer und Salz abschmecken. Die Masse wieder in die Ei-Hälften füllen, gefüllte Eier mit dem restlichen Dill bestreuen. Gekühlt servieren.

Ein sehr sättigendes Gericht. Statt Gouda kann zum Überbacken auch Cheddar oder Grana gewählt werden.

Hackfleisch-Eier

½ Pfd.	*Hackfleisch (Halb und Halb)*	*250 g*
4	*Eier*	*240 g*
100 g	*Gouda, gerieben*	*100 g*
30 g	*Schweineschmalz*	*30 g*
3 EL	*Milch*	*30 ml*
2	*Zwiebeln*	*100 g*
1	*Knoblauchzehe*	*5 g*

NÄHRWERTE	Kcal.	Fett/g	Prot./g	Kh./g	BE
Gesamt	1636	130	108	9	0,8
2 Port. à	818	65	54	5	0,4
3 Port. à	545	43	36	3	0,3
4 Port. à	409	32	27	2	0,2

Eier und Milch in einer Schüssel schlagen. Zwiebeln und Knoblauch fein hacken.

Das Öl in der Pfanne erhitzen. Zwiebeln und Knoblauch hineingeben. Wenn die Zwiebeln glasig geworden sind, das Hackfleisch dazugeben und von allen Seiten anbraten, dabei salzen und pfeffern.

Wenn das Fleisch gut gebräunt ist, die Ei-Mischung hineingeben. Unter häufigem Rühren weiter braten, bis die Eier gar sind. Noch einmal mit Salz und Pfeffer abschmecken. Jetzt den geriebenen Käse darüber geben. Servieren, wenn der Käse geschmolzen ist.

Strammer Max

6	*Eier*	*360 g*
200 g	*Kochschinken (1 fingerdicke Scheibe)*	*200 g*
30 g	*Schweineschmalz*	*30 g*
1	*Bund Petersilie*	*25 g*
	Salz und Pfeffer	*—*

Mundet auch ohne Brot. Vorsicht mit dem Salz, der Kochschinken steuert bereits reichlich davon bei.

NÄHRWERTE	Kcal.	Fett/g	Prot./g	Kh./g	BE
Gesamt	1066	79	84	6	0,5
2 Port. à	533	39	42	3	0,3
3 Port. à	355	26	28	2	0,2
4 Port. à	267	20	21	2	0,1

Petersilie fein hacken. Schinkenscheibe zur einfacheren Handhabung in mehrere Stücke zerteilen. Das Schmalz in der Pfanne erhitzen und den Schinken einige Minuten von beiden Seiten anbraten. Schinken herausnehmen und warm stellen.

Eier in die Pfanne schlagen und im Bratenfett als Spiegeleier zubereiten. Salzen und pfeffern. Zum Servieren die Eier über den Schinken geben und mit gehackter Petersilie bestreuen.

Der mexikanische Avocado-Dip paßt ganz vorzüglich zu hartgekochtem Ei. Die Guacamole schmeckt am besten, wenn sie über Nacht durchziehen konnte.

Eiersalat mit Guacamole

6	*Eier*	*360 g*
2	*reife Avocados*	**240 g*
½	*Becher Crème fraîche*	*75 g*
1	*Zwiebel*	*50 g*
1	*Knoblauchzehe*	*5 g*
1 TL	*Zitronensaft*	*—*
1 TL	*schwarzer Pfeffer, gestoß.*	*—*
	Salz	*—*

**Fruchtfleisch*

NÄHRWERTE	Kcal.	Fett/g	Prot./g	Kh./g	BE
Gesamt	1334	120	53	10	0,8
2 Port. à	667	60	27	5	0,4
3 Port. à	445	40	18	3	0,3
4 Port. à	333	30	13	2	0,2

Eier hart kochen (10 Minuten in kochendem Wasser). Abschrecken, von der Schale befreien und längs in Hälften schneiden.

Zwiebel und Knoblauch fein hacken. Avocados entkernen, Fruchtfleisch mit einem kleinen Löffel aus der Schale lösen und mit Zwiebel, Knoblauch und Zitronensaft im Mixer pürieren. Crème fraîche und Pfeffer zugeben, gut vermischen und mit Salz abschmecken.

Guacamole in die Mitte eines großen Tellers geben und die Ei-Hälften im Kreis darum verteilen.

III. REZEPTE FÜR DIE ANABOLE DIÄT

7. GEMÜSE & SALATE

Das Enthäuten der Paprikaschoten kann auch in der Mikrowelle geschehen: Die Schoten mitten durchschneiden und in der Mikrowelle 3 Minuten auf höchster Stufe erhitzen. Die Haut läßt sich dann leicht abziehen.

Eingelegte Paprika

4	*Paprika (rot)*	*560 g*
2	*Knoblauchzehen*	*10 g*
1	*Bund Petersilie*	*25 g*
4 EL	*Olivenöl*	*40 ml*
1 EL	*Essig*	*10 ml*

NÄHRWERTE	Kcal.	Fett/g	Prot./g	Kh./g	BE
Gesamt	493	41	8	21	1,7
2 Port. à	246	21	4	10	0,9
3 Port. à	164	14	3	7	0,6
4 Port. à	123	10	2	5	0,4

Paprika waschen und abreiben. Schoten in der Mitte durchschneiden, Stengel und Kerne entfernen.

Backofen auf höchster Stufe vorheizen. Paprika auf einem Backblech im Backofen garen. Häufiger wenden, bis die Haut Blasen wirft und schwarz wird. Herausnehmen und für 5 Minuten in eine Papiertüte einrollen (oder in einen zu verschließenden Tupperware-Behälter legen, die Schoten müssen im eigenen Dampf liegen). Danach sollte sich die Haut gut abziehen lassen.

Mit der Hand vorsichtig den Saft der enthäuteten Paprikaschote in eine Tasse pressen. Dann die Hälften in dünne Streifen schneiden.

Petersilie und Knoblauch fein hacken. Beides zusammen mit Öl, Essig und dem Paprikasaft vermengen. Marinade über die Paprikastreifen geben, gut durchrühren und über Nacht im Kühlschrank durchziehen lassen. Rechtzeitig aus dem Kühlschrank nehmen, so daß bei Zimmertemperatur serviert werden kann.

Spargel Navarra

6	*Stangen Spargel*	*240 g*
2	*Tomaten*	*240 g*
2	*Paprika (grün)*	*320 g*
4 EL	*Olivenöl*	*40 ml*
2 EL	*Essig*	*20 ml*
2 EL	*Sherry*	—

Spargel einmal kalt genossen; zusammen mit der würzigen Marinade ein echter Genuß. So spanisch wie Rioja-Wein, der übrigens gut zu diesem Gericht paßt.

NÄHRWERTE	Kcal.	Fett/g	Prot./g	Kh./g	BE
Gesamt	505	42	10	20	1,7
2 Port. à	252	21	5	10	0,9
3 Port. à	168	14	3	7	0,6
4 Port. à	126	10	3	5	0,4

Spargel schälen und in Salzwasser kochen, bis er weich ist. Abtropfen und abkühlen lassen.

Paprika waschen und abreiben, dann in der Mikrowelle bei 600 Watt 5 Minuten garen (oder 10 Minuten im Backofen bei 180 Grad garen). Abkühlen lassen, Stengel entfernen, entkernen und längs in sehr dünne Streifen schneiden.

Drei Spargelstangen über Kreuz auf einen Teller legen. Tomaten vierteln und zwischen die Spargelstangen legen. Die Paprikastreifen in der Tellermitte über den Spargelstangen anhäufen. Kühl stellen.

Vor dem Servieren aus Essig, Öl und Sherry eine Marinade rühren, über die Paprikastreifen verteilen.

Eine köstliche Kleinigkeit. Gut als Snack an heißen Tagen, ebenso als Vorspeise.

Mozzarella und Tomate

200 g	*Mozzarella*	*200 g*
1	*Tomate*	*120 g*
1	*rote Zwiebel*	*50 g*
3 EL	*Olivenöl*	*30 ml*
1 EL	*Balsamessig*	*10 ml*
	Salz und Pfeffer	*—*

NÄHRWERTE	Kcal.	Fett/g	Prot./g	Kh./g	BE
Gesamt	757	63	41	6	0,5
2 Port. à	378	31	20	3	0,2
3 Port. à	252	21	14	2	0,2
4 Port. à	189	16	10	1	0,1

Mozzarella trockentupfen, in Scheiben schneiden und auf einem großen Teller verteilen. Tomate in Scheiben, Zwiebel in Ringe schneiden. Jeweils eine Tomatenscheibe und einige Zwiebelringe auf eine Scheibe Mozzarella legen.

Mit Olivenöl und einem Spritzer Balsamessig beträufeln. Leicht salzen und ordentlich pfeffern, am besten frisch aus der Mühle.

Blumenkohlsalat

1	*kleiner Blumenkohl*	*1000 g*
1	*rote Zwiebel*	*50 g*
1	*Bund Petersilie*	*25 g*
3 EL	*Olivenöl*	*30 ml*
3 EL	*Rotwein*	*30 ml*
1 TL	*Dijon-Senf*	*10 g*
1 TL	*schwarzer Pfeffer, gestoß.*	*—*

Den Blumenkohl erleben wir häufig als dampfendes Gemüse auf dem Teller. So würzig angemacht wie hier ist er auch kalt ein Gedicht.

NÄHRWERTE	Kcal.	Fett/g	Prot./g	Kh./g	BE
Gesamt	550	34	27	29	2,4
2 Port. à	275	17	13	14	1,2
3 Port. à	183	11	9	10	0,8
4 Port. à	138	8	7	7	0,6

Blumenkohl in kleine Röschen zerlegen, waschen. Mit etwas Salzwasser im geschlossenen Topf 10 Minuten bißfest kochen. Röschen in eine kleine Schüssel geben.

Petersilie grob hacken, Zwiebel vierteln. Beides zusammen mit Olivenöl, Rotwein und Senf im Mixer pürieren. Die Mischung über die Blumenkohlröschen geben und gut umrühren. Für einige Stunden kalt stellen, erst dann servieren.

Karotten, bzw. Möhren, wie sie auch genannt werden, enthalten als Wurzelgemüse Kohlenhydrate in nicht unbeträchtlicher Menge. Doch sie liefern wertvolle Karotinoide.

NÄHRWERTE	Kcal.	Fett/g	Prot./g	Kh./g	BE
Gesamt	581	33	12	57	4,7
2 Port. à	290	16	6	28	2,4
3 Port. à	194	11	4	19	1,6
4 Port. à	145	8	3	14	1,2

Karottenmus

2 Pfd.	*Karotten*	*1000 g*
1	*Paprika (gelb)*	*160 g*
1	*Zwiebel*	*50 g*
1	*Knoblauchzehe*	*5 g*
3 EL	*Olivenöl*	*30 ml*
1 TL	*schwarzer Pfeffer, gestoß.*	—
½ TL	*Muskat*	—
	Salz	—

Karotten schälen und in fingerdicke Stücke schneiden. Mit etwas Wasser im geschlossenen Topf 15 Minuten kochen. Zwiebel und Knoblauch fein hacken. Paprika waschen und abreiben. Stengel und Kerne entfernen, in ganz kleine Würfel schneiden.

Karottenstücke in den Mixer geben. Zusammen mit Zwiebel, Knoblauch, Olivenöl, Pfeffer und Muskat pürieren. Mit Salz abschmecken.

Karottenmus sofort in eine flache Schale geben und mit Paprikawürfeln bestreut servieren.

Pilzsalat

300 g	*Champignons*	*300 g*
2	*rote Zwiebeln*	*100 g*
4 EL	*Olivenöl*	*40 ml*
3 EL	*trockener Weißwein*	*30 ml*
2	*Knoblauchzehen*	*10 g*
1	*Bund Petersilie*	*25 g*
1 TL	*Oregano*	—
1 TL	*schwarzer Pfeffer, gestoß.*	—
	Salz	—

Bei Pilzen muß nicht auf Kohlenhydrate geachtet werden. Dieser Salat schmeckt besonders gut zu gegrilltem Fleisch und Fisch.

NÄHRWERTE	Kcal.	Fett/g	Prot./g	Kh./g	BE
Gesamt	483	41	15	12	1,0
2 Port. à	241	21	8	6	0,5
3 Port. à	161	14	5	4	0,3
4 Port. à	121	10	4	3	0,3

Champignons waschen und in Scheiben schneiden. Eine Zwiebel in Streifen schneiden. Beides in einer Schüssel vermengen.

Die andere Zwiebel vierteln, Knoblauch und Petersilie fein hacken. Alles mit Wein, Olivenöl, Oregano und Pfeffer im Mixer pürieren. Mit Salz abschmecken und über die Pilze geben, gut durchmischen. Für einige Stunden kalt stellen und durchziehen lassen, erst dann servieren.

Teefilter aus Papier für die Kräutersäckchen gibt es im Supermarkt. Eine etwas aufwendigere Gemüsezubereitung, doch ausgesprochen schmackhaft. Saure Karotten halten sich im Kühlschrank einige Tage.

NÄHRWERTE	Kcal.	Fett/g	Prot./g	Kh./g	BE
Gesamt	892	62	11	54	4,5
2 Port. à	446	31	5	27	2,2
3 Port. à	297	21	4	18	1,5
4 Port. à	223	16	3	13	1,1

Saure Karotten

2 Pfd.	*Karotten*	*1000 g*
2	*Knoblauchzehen*	*10 g*
6 EL	*Olivenöl*	*60 ml*
4 EL	*Essig*	*40 ml*
½	*Glas Weißwein*	*100 ml*
½	*Glas Wasser*	*100 ml*
1 TL	*Rosmarin*	—
1 TL	*Petersilie*	—
2	*Lorbeerblätter*	—
	Salz und Pfeffer	—

Die Möhren waschen und in gut fingerdicke Scheiben schneiden. Knoblauch fein hacken.

Jeweils ein halbes Glas Wasser und Wein, sowie Olivenöl und Essig in einen Topf geben. Rosmarin, Petersilie, Lorbeerblätter und Knoblauch in ein oder zwei Teefilter füllen, mit Bratenschnur zubinden und ebenfalls in den Topf geben. Die Möhrenstücke zugeben und bißfest kochen, dabei Flüssigkeit so weit wie möglich verkochen lassen, so daß nur noch das Öl übrigbleibt. Dann den Topf vom Herd nehmen und abkühlen lassen.

Die Möhren mit der Schöpfkelle in eine flache Schale geben. Kräutersäckchen ausdrücken, aus dem Topf entfernen und den Sud durch ein feines Sieb oder Tuch über die Möhren gießen. Gut umrühren und für einige Stunden kalt stellen. Vor dem Servieren rechtzeitig aus dem Kühlschrank nehmen.

Artischocken-Dip

2	*Artischocken*	*300 g*
½ Pfd.	*Crème fraîche*	*250 g*
1	*Zwiebel*	*50 g*
1	*Bund Petersilie*	*25 g*
1	*Bund Schnittlauch*	*10 g*
2 EL	*Olivenöl*	*20 ml*
1 EL	*Essig*	*10 ml*
1 TL	*schwarzer Pfeffer, gestoß.*	—
	Salz	—

Die Blätter werden abgezupft, in den Dip getunkt und das Fruchtfleisch mit den Zähnen abgezogen. Das „Heu" im Innern der Artischocke wird nicht gegessen, doch das darunterliegende Herz ist besonders lecker.

NÄHRWERTE	Kcal.	Fett/g	Prot./g	Kh./g	BE
Gesamt	1027	96	15	21	1,7
2 Port. à	513	48	8	10	0,9
3 Port. à	342	32	5	7	0,6
4 Port. à	257	24	4	5	0,4

Die Artischocken von den harten, äußeren Blättern befreien. Den Stiel abschneiden. Waschen und in Salzwasser eine gute halbe Stunde kochen. Die Artischocken sind gar, wenn sich die äußeren Blätter herausziehen lassen. Herausnehmen und abkühlen lassen.

Für den Dip die Zwiebel vierteln, Petersilie und Schnittlauch fein hacken; alles in den Mixer geben. Crème fraîche, Olivenöl, Essig und Pfeffer zugeben, pürieren und mit Salz abschmecken.

Dip in kleine Schälchen füllen und mit der erkalteten Artischocke servieren.

Salatsoße immer erst kurz vor dem Servieren über den Salat geben; mit Soße fällt der Salat schnell in sich zusammen und sieht dann nicht mehr so appetitlich aus.

Cremiger Feldsalat

150 g	*Feldsalat*	*150 g*
1	*Becher Schmand*	*250 g*
2 EL	*Olivenöl*	*20 ml*
1 EL	*Essig*	*10 ml*
1 TL	*schwarzer Pfeffer, gestoß.*	—
	Salz	—

NÄHRWERTE	Kcal.	Fett/g	Prot./g	Kh./g	BE
Gesamt	800	81	9	9	0,8
2 Port. à	400	40	5	5	0,4
3 Port. à	267	27	3	3	0,3
4 Port. à	200	20	2	2	0,2

Salat waschen und trockentupfen. In einer Schüssel Schmand, Olivenöl, Essig und Pfeffer verrühren. Mit Salz abschmecken. Salat hineingeben, gut durchmischen und servieren.

Nußpüree

1	*Tüte Paranüsse*	*200g*
1	*Becher Crème fraîche*	*150g*
2EL	*Olivenöl*	*20ml*
	Salz	*—*

Ungewöhnlich, doch blitzschnell zubereitet und sehr gut als Beilage zu Fleischgerichten. Liefert wertvolle Fettsäuren, Ballaststoffe, viel Selen und die Aminosäure L-Arginin.

NÄHRWERTE	Kcal.	Fett/g	Prot./g	Kh./g	BE
Gesamt	1970	199	35	12	1,0
2 Port. à	985	99	18	6	0,5
3 Port. à	657	66	12	4	0,3
4 Port. à	493	50	9	3	0,3

Nüsse in den Mixer geben. Mit ein wenig Wasser pürieren (die Masse soll zähflüssig werden), dann Olivenöl sowie Crème fraîche zugeben und gut durchmixen. Mit Salz abschmecken und servieren.

Die Artischocken besser abwaschen, wie unten beschrieben. Die „Marinade" im Glas ruiniert den Geschmack des Salats.

Artischocken und Speck

1	*Glas Artischockenherzen*	*400 g*
100 g	*Bauchspeck*	*100 g*
20 g	*Butter*	*20 g*
3 EL	*Olivenöl*	*30 ml*
	Pfeffer	*—*

NÄHRWERTE	Kcal.	Fett/g	Prot./g	Kh./g	BE
Gesamt	769	68	28	11	0,9
2 Port. à	385	34	14	5	0,4
3 Port. à	256	23	9	4	0,3
4 Port. à	192	17	7	3	0,2

Bauchspeck in die Pfanne geben und bei mittlerer Hitze von beiden Seiten einige Minuten anbraten. Herausnehmen, erkalten lassen und in kleine Würfel schneiden.

Artischockenherzen in ein Sieb geben und unter fließendem Wasser gut abwaschen. Mit einem Küchentuch trockentupfen.

Speckwürfel, Artischocken und Olivenöl in einer Schüssel vermengen. Mit Pfeffer abschmecken und servieren.

Coleslaw

Die amerikanische Version des Krautsalats. Wenn man den Kohl in der Küchenmaschine zerkleinert, fällt erheblich weniger Arbeit an, als bei der traditionellen Zubereitung von Hand.

1	*kleiner Kopf Rotkohl*	*1200 g*
1	*kleiner Kopf Weißkohl*	*1200 g*
1	*Knolle Sellerie*	*800 g*
6	*Karotten*	*450 g*
2	*Zwiebeln*	*100 g*
1	*Bund Petersilie*	*25 g*
2	*Becher Crème fraîche*	*300 g*
4 EL	*Olivenöl*	*40 ml*
1 EL	*Essig*	*10 ml*
1 TL	*Dijon-Senf*	*10 g*
½ TL	*weißer Pfeffer*	—

NÄHRWERTE	Kcal.	Fett/g	Prot./g	Kh./g	BE
Gesamt	2137	139	61	149	12,5
2 Port. à	1068	70	31	75	6,2
3 Port. à	712	46	20	50	4,2
4 Port. à	534	35	15	37	3,1

Kohlköpfe waschen, äußere Blätter entfernen. Den Kohl in dünne Streifen hacken, oder in der Küchenmaschine zerkleinern (nicht pürieren). Sellerie abbürsten, Kappe und Wurzelende entfernen und Knolle in feine Streifen schneiden. Karotten raspeln, Zwiebeln und Petersilie fein hacken. Alles in einer großen Schüssel gründlich durchmischen

Crème fraîche, Mayonnaise, Olivenöl, Essig, Senf und Pfeffer verrühren. Einige Löffel dieses Dressings an das Gemüse geben, gut vermischen. Eine halbe Stunde ruhen lassen, eventuell ausgetretene Flüssigkeit abschütten. Dann erst das restliche Dressing zugeben, gut vermischen und servieren.

Salat Nizza

Ein französischer Salat, der so oder leicht abgewandelt in vielen südländischen Lokalen angeboten wird. Ein Genuß mit einem guten, kaltgepreßten Olivenöl und altem Balsamico.

1	*Kopf Eisbergsalat*	*600 g*
1	*Dose Thunfisch in Öl (Einwaage ausgepreßt)*	*140 g*
100 g	*Grana Padano*	*100 g*
10	*schwarze Oliven*	*40 g*
½	*Glas Olivenöl*	*100 ml*
2 EL	*Balsamessig*	*20 ml*
3	*Tomaten*	*360 g*
4	*Eier*	*240 g*
1	*Gurke*	*400 g*
1	*Zwiebel*	*50 g*
	Pfeffer und Salz	*—*

NÄHRWERTE	Kcal.	Fett/g	Prot./g	Kh./g	BE
Gesamt	2261	188	108	32	2,6
2 Port. à	1130	94	54	16	1,3
3 Port. à	754	63	36	11	0,9
4 Port. à	565	47	27	8	0,7

Eier hart kochen (10 Minuten in kochendem Wasser). Abschrecken und abkühlen lassen, vierteln. Zwiebel in Ringe schneiden, Tomaten vierteln.

Salatkopf von den äußeren Blättern befreien und waschen. Blätter abzupfen und auf zwei tiefe Teller verteilen. Gurke schälen und in Scheiben schneiden, auf beide Teller verteilen.

Thunfisch in ein Sieb geben und unter kaltes, laufendes Wasser halten, um ihn vom Öl zu befreien. Auf Küchentüchern trocknen und zu gleichen Teilen in die Mitte der Teller geben. Mit Zwiebelringen bedecken, rund herum Ei- und Tomatenviertel, sowie die Oliven anrichten. Mit geriebenem Käse bestreuen, Olivenöl und Balsamessig darüber geben, gleich servieren.

Geflügelsalat

1 Pfd.	*Hähnchenbrustfilet*	*500 g*
½ Pfd.	*Sellerie*	*250 g*
½	*Glas Olivenöl*	*100 ml*
50 g	*Gänseschmalz*	*50 g*
1	*Kopf Eisbergsalat*	*600 g*
1	*Bund Petersilie*	*25 g*
1	*Eigelb (Zimmertemperatur)*	*20 g*
1 TL	*Dijon-Senf*	*10 g*
1 TL	*Thymian*	*—*
	Pfeffer und Salz	*—*

Selbstgemachte Mayonnaise schmeckt viel besser als gekaufte. Benutzen Sie ein mildes Olivenöl, sonst wird die Mayonnaise bitter. Das Öl sollte auch nicht zu warm sein (etwa 10 Grad), dann verbindet es sich besser mit dem Eigelb.

NÄHRWERTE	Kcal.	Fett/g	Prot./g	Kh./g	BE
Gesamt	2292	190	126	18	1,5
2 Port. à	1146	95	63	9	0,7
3 Port. à	764	63	42	6	0,5
4 Port. à	573	48	31	4	0,4

Hähnchenfleisch sorgfältig waschen und mit Küchenpapier trockentupfen. Mit Salz, Pfeffer und Thymian einreiben. Gänseschmalz in der Pfanne auslassen, Hähnchenfleisch darin bei mittlerer Temperatur goldbraun anbraten, öfter wenden. Deckel aufsetzen und bei niedriger Temperatur 20 Minuten schmoren lassen. Das durchgebratene Fleisch aus der Pfanne nehmen und erkalten lassen. Dann das Fleisch in kleine Stücke schneiden.

Mayonnaise anrühren: Senf in einer Tasse mit zwei Eßlöffeln Öl gründlich verrühren, bis eine cremige Masse entsteht. Diese Senfmasse in den Mixer geben. Das Ei aufschlagen, Eigelb und Eiweiß trennen. Das Eigelb zur Senfmasse in den Mixer geben. Mixer auf niedriger Stufe anstellen und durch den Deckel das restliche Öl in kleinen Mengen zugeben, bis die Masse ganz fest wird.

Eisbergsalat waschen und einige große Blätter auf den Tellern anrichten. Sellerie in feine Streifen schneiden, zusammen mit dem Hähnchenfleisch und der Mayonnaise in einer Schüssel gründlich vermengen. Mit Pfeffer und Salz abschmecken, auf den Salatblättern anrichten und mit gehackter Petersilie bestreuen.

Avocadosalat

Schnell zubereitet und sehr sättigend. Gut geeignet als Vorspeise oder als kleines Hauptgericht.

2	reife Avocados	*240 g
2	Becher Crème fraîche	300 g
1 EL	Essig	10 ml
2 TL	Dijon-Senf	20 g
1 TL	schwarzer Pfeffer, gestoß.	—
	Saft einer ½ Zitrone	—
	Salz	—

*Fruchtfleisch

NÄHRWERTE	Kcal.	Fett/g	Prot./g	Kh./g	BE
Gesamt	1453	148	13	12	1,0
2 Port. à	726	74	6	6	0,5
3 Port. à	484	49	4	4	0,3
4 Port. à	363	37	3	3	0,2

Avocados in zwei Hälften zerlegen und den Kern entfernen. Vorsichtig von der Schale befreien und in kleine Würfel schneiden. Die Avocadostückchen mit einem Teil des Zitronensaftes beträufeln.

In einer Schüssel Crème fraîche, Senf, Pfeffer, den restlichen Zitronensaft und Essig verrühren. Mit Salz abschmecken und über die Avocadostückchen geben.

Rosenkohl mit Majoran

½ Pfd.	*Rosenkohl*	*250 g*
50 g	*Butter*	*50 g*
1 TL	*Majoran*	*—*
	Salz und Pfeffer	*—*

Rosenkohl zählt zu den gesündesten Kohlsorten. Er kann auch ohne Vorgaren im Topf angebraten werden. Dabei aber eine kleine Flamme wählen und häufig umrühren, die Röschen werden sonst schnell schwarz.

NÄHRWERTE	Kcal.	Fett/g	Prot./g	Kh./g	BE
Gesamt	466	42	11	8	0,7
2 Port. à	233	21	6	4	0,3
3 Port. à	155	14	4	3	0,2
4 Port. à	116	11	3	2	0,2

Äußere Blätter des Rosenkohls entfernen. Rosenkohl waschen, Strünke etwas kürzen und auf der Schnittfläche über Kreuz einschneiden.

Rosenkohl im geschlossenen Topf mit etwas Wasser dünsten, bis die Röschen bißfest sind. Durch ein Sieb abgießen und Rosenkohl zurück in den Topf geben. Butter und Majoran dazugeben und unter häufigem Rühren mit dem Kochlöffel einige Minuten von allen Seiten anbraten. Mit Salz und Pfeffer abschmecken, heiß servieren.

Sauerkraut, konservierter Weißkohl, ist so typisch für Deutschland, daß uns die Angelsachsen sogar mit dem Spitznamen „Krauts“ bedacht haben. Der Spott geht ins Leere: Sauerkraut ist sehr gesund, es liefert wichtige Antioxidantien.

Sauerkraut mit Paprika

½ Pfd.	*Sauerkraut*	*250 g*
50 g	*Schweineschmalz*	*50 g*
50 g	*Kochschinken*	*50 g*
2	*Paprika*	*320 g*
1	*Zwiebel*	*50 g*
	Salz und Pfeffer	*—*

NÄHRWERTE	Kcal.	Fett/g	Prot./g	Kh./g	BE
Gesamt	623	54	17	14	1,2
2 Port. à	312	27	9	7	0,6
3 Port. à	208	18	6	5	0,4
4 Port. à	156	13	4	4	0,3

Paprika waschen und abreiben. Stiele und Kerne entfernen, dann in zentimeterbreite Streifen schneiden. Zwiebel in Ringe schneiden. Sauerkraut abtropfen. Schinken in feine Streifen schneiden.

Schmalz in der Pfanne erhitzen. Schinken und Zwiebeln hineingeben, einige Minuten bei mittlerer Hitze anbraten. Sauerkraut und Paprika zugeben, für gut 15 Minuten braten. Dabei häufiger umrühren. Mit Salz und Pfeffer abschmecken, heiß servieren.

Möhren in Olivenöl

½ Pfd.	*Möhren*	*250 g*
4 EL	*Olivenöl*	*40 ml*
½ TL	*Muskat*	*—*
	Salz und Pfeffer	*—*

Einer meiner Gemüsefavoriten: Allein wer sich kohlenhydratarm ernährt, kann die natürliche Süße der Möhren schmecken. Ein Genuß mit Olivenöl, das durch die gelösten Carotinoide eine tiefgelbe Farbe angenommen hat.

NÄHRWERTE	Kcal.	Fett/g	Prot./g	Kh./g	BE
Gesamt	425	41	2	12	1,0
2 Port. à	213	20	1	6	0,5
3 Port. à	142	14	1	4	0,3
4 Port. à	106	10	1	3	0,3

Möhren waschen und in dünne Scheiben schneiden. Im geschlossenen Topf mit wenig Flüssigkeit bißfest kochen. Durch ein Sieb abgießen und die Möhren zurück in den Topf geben.

Olivenöl und Muskat zugeben, dann die Möhren bei kleiner Hitze einige Minuten anbraten; dabei gut durchrühren.

Mit Salz und Pfeffer abschmecken, heiß servieren.

Der Mixer taugt durchaus nicht nur für Milch-Shakes, wie man sieht. Falls weniger Knoblauchgeschmack gewünscht wird, können die Zehen, leicht gequetscht, im Öl für einige Minuten angebraten und dann entfernt werden.

NÄHRWERTE	Kcal.	Fett/g	Prot./g	Kh./g	BE
Gesamt	1126	90	40	38	3,1
2 Port. à	563	45	20	19	1,6
3 Port. à	375	30	13	13	1,0
4 Port. à	282	23	10	9	0,8

Blumenkohl-Pilz-Kompott

1	*kleiner Blumenkohl*	*1000 g*
½ Pfd.	*Champignons*	*250 g*
1	*Becher Crème fraîche*	*150 g*
50 g	*Butter*	*50 g*
2	*rote Zwiebeln*	*100 g*
2	*Knoblauchzehen*	*10 g*
	Salz und Pfeffer	*—*

Blumenkohl waschen und in Röschen schneiden. Im geschlossenen Topf mit wenig Salzwasser kochen, bis die Röschen bißfest sind.

Champignons waschen und vierteln. Zwiebeln und Knoblauchzehen fein hacken. Butter in der Pfanne erhitzen, Zwiebeln und Knoblauch zugeben. Wenn die Zwiebeln glasig werden, Pilze zugeben und von allen Seiten anbraten, bis sie braun werden.

Den Pfanneninhalt in den Mixer geben und pürieren, gefolgt vom Blumenkohl und der Crème fraîche.

Die pürierte Masse zurück in die Pfanne geben und bei niedriger Hitze einige Minuten aufwärmen. Mit Pfeffer und Salz abschmecken, heiß servieren.

Brokkoli Mousseline

1 Pfd.	*Brokkoli*	*500 g*
100 g	*Butter*	*100 g*
100 g	*Sahne*	*100 g*
2	*Eigelbe*	*40 g*
2 EL	*Essig*	*20 ml*
1 TL	*schwarzer Pfeffer, gestoß.*	—
1	*Spritzer Zitronensaft*	—
	Salz	—

Die feine französische Art: So schmeckt selbst Brokkoli. Als Beilage empfiehlt sich ein Steak oder Kotelett natur; die Soße ist bereits sehr mächtig.

NÄHRWERTE	Kcal.	Fett/g	Prot./g	Kh./g	BE
Gesamt	1344	129	27	17	1,4
2 Port. à	672	64	14	8	0,7
3 Port. à	448	43	9	6	0,5
4 Port. à	336	32	7	4	0,4

Brokkoli in Röschen schneiden, waschen und im geschlossenen Topf mit wenig Wasser bißfest garen.

Die Eigelbe mit einem Eßlöffel kaltem Wasser verrühren. Butter auf ganz kleiner Flamme schmelzen lassen, den sich bildenden Schaum abschöpfen und vom Herd nehmen. Sahne halbsteif schlagen.

In einem kleinen Topf Essig und Pfeffer erhitzen. Flüssigkeit auf die Hälfte reduzieren. Eigelb zugeben und bei ganz kleiner Flamme verquirlen, bis die Masse cremig wird. Jetzt die zerlassene Butter nach und nach zugeben, dabei ständig weiterrühren bis sich eine dicke, cremige Soße ergibt. Schlagsahne unterheben, dann mit Zitronensaft und Salz abschmecken. Über den Brokkoli geben und sofort servieren.

Nach Möglichkeit keinen fertigen Rahmspinat kaufen: Der „Rahm" enthält oft gehärtete Pflanzenöle!

Spinatsalat

1 Pack.	*Tiefkühlspinat natur*	*450 g*
½	*Tüte Paranüsse*	*100 g*
4 EL	*Olivenöl*	*40 ml*
1	*Knoblauchzehe*	*5 g*
	Salz und Pfeffer	—

NÄHRWERTE	Kcal.	Fett/g	Prot./g	Kh./g	BE
Gesamt	1091	108	27	6	0,5
2 Port. à	545	54	13	3	0,2
3 Port. à	364	36	9	2	0,2
4 Port. à	273	27	7	1	0,1

Spinat auftauen und nach Anweisung kochen. Abkühlen lassen, in ein Sieb geben. Gründlich auspressen und mit Küchentüchern trocknen.

Paranüsse und Knoblauch fein hacken. Olivenöl in einer Pfanne erhitzen, Nüsse und Knoblauch hinzugeben und unter häufigem Rühren einige Minuten rösten. Spinat zugeben, gut mit Öl und Nußsplittern vermengen. Mit Salz und Pfeffer abschmecken und servieren.

Sahne-Champignons

½ Pfd.	*Champignons*	*250 g*
1	*Becher Crème fraîche*	*150 g*
50 g	*Butter*	*50 g*
1	*rote Zwiebel*	*50 g*
1	*Knoblauchzehe*	*5 g*
	Salz und Pfeffer	*—*

Knoblauch ist nicht nur sehr gesund, er gibt vielen Speisen auch erst den richtigen Pfiff.

NÄHRWERTE	Kcal.	Fett/g	Prot./g	Kh./g	BE
Gesamt	886	87	15	10	0,9
2 Port. à	443	44	7	5	0,4
3 Port. à	295	29	5	3	0,3
4 Port. à	221	22	4	3	0,2

Champignons waschen und vierteln. Zwiebel und Knoblauch fein hacken. Butter in einer Pfanne erhitzen. Zwiebeln und Knoblauch zugeben.

Wenn die Zwiebeln glasig werden, die Champignons zugeben und von allen Seiten anbraten, bis sie braun werden. Crème fraîche unterrühren und einige Minuten bei großer Hitze Flüssigkeit reduzieren, bis eine dicke Sahnesoße entstanden ist. Mit Salz und Pfeffer abschmecken und servieren.

Blumenkohl ist ausgesprochen nahrhaft und liefert antioxidativ wirkende Flavonoide im Überfluß. Paßt als Beilage zu allen Fleischgerichten.

Gebratener Blumenkohl

1	*kleiner Blumenkohl*	*1000g*
50g	*Butter*	*50g*
½ TL	*Muskat*	*—*
	Salz und Pfeffer	*—*

NÄHRWERTE	Kcal.	Fett/g	Prot./g	Kh./g	BE
Gesamt	596	44	25	23	2,0
2 Port. à	298	22	12	12	1,0
3 Port. à	199	15	8	8	0,7
4 Port. à	149	11	6	6	0,5

Blumenkohl waschen und die Röschen herausbrechen. Röschen mit einem scharfen Messer in kleine Stücke schneiden.

Butter in einer Pfanne erhitzen und die Blumenkohlstückchen einige Minuten lang von allen Seiten anbraten. Muskat darüber streuen, mit Pfeffer und Salz abschmecken und servieren.

Blumenkohl Hollandaise

1	*kleiner Blumenkohl*	*1000 g*
100 g	*Butter*	*100 g*
3	*Eigelbe*	*60 g*
½ TL	*weißer Pfeffer*	*—*
	Salz	*—*

Hier wird die einfache Variante der Sauce Hollandaise eingesetzt. Das klassische Rezept finden Sie unter „Soßen und Dips".

NÄHRWERTE	Kcal.	Fett/g	Prot./g	Kh./g	BE
Gesamt	1183	105	35	24	2,0
2 Port. à	591	53	17	12	1,0
3 Port. à	394	35	12	8	0,7
4 Port. à	296	26	9	6	0,5

Blumenkohl waschen und den ganzen Kopf in einem großen, geschlossenen Topf mit etwas Salzwasser garen.

Butter erhitzen. Die Eigelbe in den Mixer geben, auf niedrigster Stufe kurz vermengen. Pfeffer hinzufügen und bei laufendem Motor die zerlassene Butter in einem dünnen Strahl hinzugeben, bis eine feste Soße entsteht.

Soße mit Salz abschmecken, über den heißen Blumenkohl geben und sofort servieren.

8. SNACKS

Walnüsse und Frischkäse

Blitzschnell zubereitet, ist dieser Snack genau das Richtige, wenn man beim Fernsehen vom Hunger überfallen wird.

20	*Walnuß-Hälften*	*50 g*
50 g	*Frischkäse (Doppelrahmstufe)*	*50 g*

NÄHRWERTE	Kcal.	Fett/g	Prot./g	Kh./g	BE
Gesamt	502	47	14	7	0,5
2 Port. à	251	24	7	3	0,3
3 Port. à	167	16	5	2	0,2
4 Port. à	125	12	4	2	0,1

Walnußhälften mit einem Klecks Frischkäse versehen. Auf einem Teller anrichten, Servietten dazu reichen.

Grana und Balsamico

50 g	*Grana Padano*	*50 g*
1 EL	*Balsamessig*	*10 ml*

Gut zu einem Glas Rotwein. Gerade hier schmeckt man einen guten, alten Balsamico heraus.

NÄHRWERTE	Kcal.	Fett/g	Prot./g	Kh./g	BE
Gesamt	195	14	17	0	0,0
2 Port. à	97	7	8	0	0,0
3 Port. à	65	5	6	0	0,0
4 Port. à	49	4	4	0	0,0

Der Käse sollte Raumtemperatur haben. Mit einem Messer in mehrere Stücke brechen und einige Tropfen Balsamessig auf jedes Stück geben.

Nüsse als Snack sind nicht unproblematisch: Die wenigsten Leute können aufhören, wenn sie einmal damit angefangen haben. Die Menge am besten vorher einteilen; z.B. tägliche Nachmittags-Portion in kleine Tupperdosen verteilen.

Nüsse

***50 g** Nüsse aller Art*
(Nährwerte jeweils für 50 g)

NÄHRWERTE	Kcal.	Fett/g	Prot./g	Kh./g	BE
Macadamia	352	37	4	2	0,2
Paranuß	335	33	8	2	0,2
Walnuß	332	31	9	5	0,4
Mandel	292	27	11	3	0,2

Pistazien sind wegen des höheren Kohlenhydratgehalts weniger zu empfehlen. Erdnüsse sind keine Nüsse, sondern zählen zu den Hülsenfrüchten, wie das englische Wort „Pea"-Nut („Erbsen"-Nuß) schon zeigt; ihr Kohlenhydratgehalt liegt ebenfalls recht hoch. Darüber hinaus enthalten Erdnüsse pflanzliche Abwehrproteine wie z.B. Lektine. Auch deswegen sind Erdnüsse nur mit Einschränkung zu empfehlen.

Wurst

50 g** **Wurst aller Art
(Nährwerte jeweils für 50 g)

Zu Fleisch und Wurst passen Tomaten, Radieschen oder einige Scheiben Gurke; gehackte Petersilie geht auch gut dazu. Ein Klecks Frischkäse oder eine Ecke Camembert wären ebenfalls eine schmackhafte Ergänzung.

NÄHRWERTE	Kcal.	Fett/g	Prot./g	Kh./g	BE
Leberwurst	210	21	6	0	0,0
Salami	191	17	11	0	0,0
Mortadella	173	16	6	0	0,0
Schinken	58	2	9	0	0,0

Was gute Wurst angeht, da leben wir doch wirklich im Schlaraffenland. Salami, Schinken, Leberwurst – das gibt es alles auch aus Bio-Fleisch. Vor allem Leberwurst ist als Bioware zu empfehlen, da sie ohne das bei konventioneller Wurst häufig verwendete Pökelsalz gefertigt wird. Wer es vornehmer mag, kann Geflügelleber-Terrine oder Gänsestopfleber servieren.

Käse schließt den Magen: Entweder nach einer guten Mahlzeit, oder am Abend mit einem Glas Rotwein servieren.

Käse

***50 g** Käse aller Art*
(Nährwerte jeweils für 50 g)

NÄHRWERTE	Kcal.	Fett/g	Prot./g	Kh./g	BE
Cheddar	199	16	12	0	0,0
Camembert	189	17	9	0	0,0
Butterkäse	172	14	10	0	0,0
Gouda	166	13	13	0	0,0

Gouda jung oder alt, Camembert, Butterkäse – erlaubt ist alles, was fett ist und satt macht. Werden die Käsesorten häufiger gewechselt, wird man auch einen streng schmeckenden Camembert nicht so schnell leid.

Geröstete Cocktailtomaten

Eine köstliche Kleinigkeit, schmeckt allein oder als Beilage zu Wurst- oder Käseplatten.

½ Pfd.	*Cocktailtomaten*	*250 g*
4 EL	*Olivenöl*	*40 ml*
1 TL	*Thymian*	*—*
	Salz und Pfeffer	*—*

NÄHRWERTE	Kcal.	Fett/g	Prot./g	Kh./g	BE
Gesamt	403	41	2	7	0,5
2 Port. à	201	20	1	3	0,3
3 Port. à	134	14	1	2	0,2
4 Port. à	101	10	1	2	0,1

Backofen auf 120 Grad vorheizen. Tomaten waschen und durchschneiden. Tomatenhälften auf ein Backblech geben. Mit Olivenöl beträufeln und mit Salz, Pfeffer, Thymian würzen. Eine halbe Stunde rösten; ab und an Backofen kurz öffnen, um die Feuchtigkeit entweichen zu lassen.

Salzmandeln

Eine Delikatesse für zwischendurch. Viel besser als gekaufte Mandeln, die alle mit Omega-6 Ölen hergestellt sind. Schmeckt warm am besten, ist kalt aber auch nicht schlecht.

½ Pfd.	*Mandeln*	*250 g*
4 EL	*Olivenöl*	*40 ml*
	Salz	*—*

NÄHRWERTE	Kcal.	Fett/g	Prot./g	Kh./g	BE
Gesamt	1818	175	55	13	1,1
2 Port. à	909	88	28	7	0,6
3 Port. à	606	58	18	4	0,4
4 Port. à	454	44	14	3	0,3

Das Öl in einer Pfanne erhitzen. Die Mandeln hinzugeben und bei mittlerer Hitze rösten, dabei häufiger umdrehen. Sind die Mandeln gut gebräunt, herausnehmen und kurz auf einige übereinandergelegte Küchentücher geben, um überschüssiges Öl aufzufangen. Dann in eine Schüssel geben und salzen (am besten mit grobem Meersalz aus der Mühle). Mit dem Holzlöffel gut durchmischen, damit sich das Salz gut verteilt.

Mortadella-Käse Würfel

¼ Pfd.	*Gouda (in Scheiben)*	*125 g*
¼ Pfd.	*Mortadella (Scheiben)*	*125 g*

Statt Gouda kann hier auch Emmentaler, Butterkäse oder sogar Camembert versucht werden. Am besten schmeckt es mit sehr fettem Käse. Fleischwurst kann die Mortadella ersetzen.

NÄHRWERTE	Kcal.	Fett/g	Prot./g	Kh./g	BE
Gesamt	845	73	47	0	0,0
2 Port. à	423	36	23	0	0,0
3 Port. à	282	24	16	0	0,0
4 Port. à	211	18	12	0	0,0

Käse- und Mortadella-Scheiben abwechselnd aufeinander schichten und kurz anpressen. Fertigen Stapel in kleine Würfel schneiden, jeden Würfel mit einem Zahnstocher fixieren.

Oliven

10 grüne Oliven 40g
10 schwarze Oliven 40g

Beide Sorten Oliven gibt es mit Kern, entkernt oder gefüllt, z.B. mit Paprika, Sardellen etc. Schwarze Oliven enthalten etwas mehr Kohlenhydrate als grüne.

NÄHRWERTE	Kcal.	Fett/g	Prot./g	Kh./g	BE
Gesamt	110	11	1	1	0,1
2 Port. à	55	6	1	1	0,1
3 Port. à	37	4	0	0	0,0
4 Port. à	28	3	0	0	0,0

Ölsäure, Vitamin E und Selen in natürlicher Verpackung. Die Oliven aus dem Glas entnehmen, gut abtropfen lassen und auf einem kleinen Teller servieren. Werden Zahnstocher dazu gereicht, kann man sich die Servietten sparen.

Schinkenröllchen

200 g	*Kochschinken (in Scheiben)*	*200 g*
200 g	*Mozzarella*	*200 g*
2 EL	*Pesto*	*30 g*

Schmecken ausgezeichnet allein, oder als Bestandteil einer kalten Platte. Dazu einen trockenen Weißwein reichen. Ein klassisches Rezept für Pesto finden Sie unter „Soßen und Dips".

NÄHRWERTE	Kcal.	Fett/g	Prot./g	Kh./g	BE
Gesamt	780	50	78	4	0,3
2 Port. à	390	25	39	2	0,2
3 Port. à	260	17	26	1	0,1
4 Port. à	195	12	19	1	0,1

Schinkenscheiben übereinanderlegen und, je nach Durchmesser der Scheiben, ein oder zweimal längs und einmal quer durchschneiden. Mozzarella in zentimeterdicke Scheiben schneiden, Scheiben dann in zentimeterdicke Streifen.

Jeweils einen Mozzarellastreifen mit Pesto bestreichen und in Schinken einwickeln. Mit einem Zahnstocher fixieren.

Die scharfe mexikanische Tomatensoße harmoniert sehr gut mit dem Käse. Probieren Sie statt des jungen, relativ geschmacksneutralen Goudas einmal die gereifte, kräftigere Variante.

Gouda mit Salsa

¼ Pfd.	Gouda	125 g
5	Tomaten	600 g
1	Zwiebel	50 g
½	Bund Petersilie	12 g
1	kleine Chilischote	10 g
½ TL	schwarzer Pfeffer, gestoß.	—
	Salz	—

NÄHRWERTE	Kcal.	Fett/g	Prot./g	Kh./g	BE
Gesamt	539	33	38	20	1,6
2 Port. à	270	17	19	10	0,8
3 Port. à	180	11	13	7	0,5
4 Port. à	135	8	10	5	0,4

Käse in kleine Würfel schneiden. Tomaten in kleine Stücke schneiden und in eine Schale geben. Zwiebel und Petersilie fein hacken und mit den Tomaten verrühren. Pfeffer zugeben und mit Salz abschmecken.

Chilischote entstielen und entkernen, in ganz feine Würfel schneiden. Chilistückchen nach und nach in das Salsa einrühren und abschmecken, bis gewünschte Schärfe erreicht ist.

Käsestücke mit Salsa vermengen und servieren.

III. REZEPTE FÜR DIE ANABOLE DIÄT

9. SOSSEN & DIPS

Die meisten der nachfolgend aufgeführten Soßen und Dips lassen sich für einige Zeit im Kühlschrank aufbewahren. So kann man z.B. am Wochenende eine oder mehrere Soßen anrichten und die Woche über verzehren. Da alles frisch hergestellt wird und keine Konservierungsstoffe eingesetzt werden (von Zitronensaft und Gewürzen einmal abgesehen), sollte die Soße nach der Herstellung bzw. Abkühlung sofort in ein sauberes, verschließbares Gefäß gegeben werden. Dafür eignen sich ausgespülte Mayonnaise- oder Gurkengläser mit Deckel. Die Haltbarkeit der Soße verlängert sich, wenn man jeweils mit einem sauberen Löffel eine Portion vom Inhalt entnimmt und aufwärmt, bzw. verzehrt. Das Glas sollte gleich wieder verschlossen und in den Kühlschrank zurückgestellt werden.

Besondere Vorsicht ist bei allen Zubereitungen mit rohem Ei angebracht. Mayonnaise und Remoulade können durchaus in größerer Menge angerichtet werden. Sie sollten dann eine Portion zum Verzehr zurückbehalten und den Rest sofort, wie oben beschrieben, in den Kühlschrank geben.

Die Soßen Hollandaise, Béarnaise und Mousseline eignen sich nicht zum erneuten Erhitzen.

Schmeckt zu gegrilltem und geräuchertem Fisch und Fleisch. Auch gut zu Wurst und Eiern.

Rettichcreme

1	*Rettichwurzel*	*150 g*
1	*Becher Crème fraîche*	*150 g*
1 TL	*Dijon-Senf*	*10 g*
	Salz und Pfeffer	*—*

NÄHRWERTE	Kcal.	Fett/g	Prot./g	Kh./g	BE
Gesamt	483	46	6	9	0,8
2 Port. à	241	23	3	5	0,4
3 Port. à	161	15	2	3	0,3
4 Port. à	121	11	1	2	0,2

Rettichwurzel waschen und in Stücke schneiden. Im Mixer mit Crème fraîche und Senf pürieren. Mit Salz und Pfeffer abschmecken.

Haltbarkeit: In einem verschlossenen Gefäß im Kühlschrank bis zu einer Woche.

Pesto

200 g	*frische Basilikumblätter*	*200 g*
50 g	*Grana Padano*	*50 g*
50 g	*Pinienkerne*	*50 g*
½	*Glas Olivenöl*	*100 ml*
2 EL	*trockener Weißwein*	*20 ml*
1	*Bund Petersilie*	*25 g*

Die traditionelle italienische Gewürzpaste. Harmoniert mit Fisch, Geflügel oder Fleisch. Auch gut als Grill-Marinade.

NÄHRWERTE	Kcal.	Fett/g	Prot./g	Kh./g	BE
Gesamt	1550	145	29	28	2,3
2 Port. à	775	73	15	14	1,2
3 Port. à	517	48	10	9	0,8
4 Port. à	387	36	7	7	0,6

Petersilie hacken; mit Basilikum, geriebenem Parmesan und Pinienkernen in den Mixer geben und pürieren. Wein und Öl zugeben, gut durchmischen.

Haltbarkeit: Im Kühlschrank beinahe unbegrenzt, wenn die Oberfläche jedesmal nach Gebrauch mit Olivenöl verschlossen wird (Öl sollte das Pesto knapp bedecken).

Paßt zu gebratenem oder gekochtem Fisch und Geflügel, sowie zu gegrilltem Fleisch.

NÄHRWERTE	Kcal.	Fett/g	Prot./g	Kh./g	BE
Gesamt	1500	127	15	40	3,3
2 Port. à	750	64	7	20	1,7
3 Port. à	500	42	5	13	1,1
4 Port. à	375	32	4	10	0,8

Würzige Tomatensoße

2 Pfd.	*passierte Tomaten*	*1000 g*
2	*Zwiebeln*	*100 g*
2	*Knoblauchzehen*	*10 g*
1	*Glas trock. Weißwein*	*200 ml*
125 ml	*Olivenöl*	*125 ml*
1	*Bund Petersilie*	*25 g*
1 TL	*Rosmarin*	—
1 TL	*Thymian*	—
	Salz und Pfeffer	—

Zwiebeln, Knoblauch und Petersilie fein hacken. Öl in einem großen Topf erhitzen. Zwiebeln, Knoblauch und Gewürze hineingeben. Wenn die Zwiebeln glasig werden, den Weißwein zugeben. Flüssigkeit unter häufigem Umrühren auf die Hälfte reduzieren, dann die passierten Tomaten zugeben. Bei ganz kleiner Hitze eine Stunde köcheln lassen, dabei ebenfalls häufiger umrühren. Petersilie zufügen und mit Pfeffer und Salz abschmecken.

Die Soße läßt sich auch mit Rotwein zubereiten; wer möchte, kann noch Oregano zufügen.

Haltbarkeit: Im Kühlschrank bis zu 2 Wochen.

Sauce Mousseline

Paßt hervorragend zu Spargel, Blumenkohl und anderen Gemüsen; ebenso zu gekochtem Fisch.

150 g	*Butter*	*150 g*
3	*Eigelbe*	*60 g*
100 g	*Sahne, geschlagen*	*100 g*
2 El	*Essig*	*20 ml*
1 EL	*trockener Weißwein*	*10 ml*
1 TL	*schwarzer Pfeffer, gestoß.*	—
1	*Spritzer Zitronensaft*	—
	Salz	—

NÄHRWERTE	Kcal.	Fett/g	Prot./g	Kh./g	BE
Gesamt	1657	176	13	4	0,3
2 Port. à	829	88	7	2	0,2
3 Port. à	552	59	4	1	0,1
4 Port. à	414	44	3	1	0,1

Die Soße darf nicht kochen, sonst gerinnt sie. Die Eigelbe mit einem Eßlöffel kaltem Wasser verrühren. Butter auf ganz kleiner Flamme schmelzen lassen, den sich bildenden Schaum abschöpfen und vom Herd nehmen.

In einem kleinen Topf Essig und Pfeffer erhitzen. Flüssigkeit auf die Hälfte reduzieren. Eigelb zugeben und bei ganz kleiner Flamme verquirlen, bis die Masse cremig wird. Topf von der Flamme nehmen und die zerlassene Butter nach und nach zugeben, dabei ständig weiterrühren bis sich eine dicke, cremige Soße ergibt. Schlagsahne und Zitronensaft einrühren und sofort servieren.

Haltbarkeit: Im verschlossenen Behälter im Kühlschrank bis zum nächsten Tag, dann nicht mehr verwenden.

Diese kräftige Knoblauch-Mayonnaise schmeckt zu gebratenen und gegrillten Meeresfrüchten und Fisch ebenso wie zu Fleisch und Eiern.

Aioli

1	*Glas Olivenöl*	*200 ml*
3	*Eigelbe*	*60 g*
3	*Knoblauchzehen*	*15 g*
	Salz und Pfeffer	*—*

NÄHRWERTE	Kcal.	Fett/g	Prot./g	Kh./g	BE
Gesamt	2033	219	11	4	0,4
2 Port. à	1016	110	5	2	0,2
3 Port. à	678	73	4	1	0,1
4 Port. à	508	55	3	1	0,1

Das Öl darf nicht zu warm sein (etwa 10 Grad), dann verbindet es sich besser mit dem Eigelb.

Die Eigelbe in eine Schüssel geben und schlagen, bis sich Schaum bildet. Öl in kleinen Mengen zugeben, dabei kräftig quirlen. Wenn die Masse fester wird, restliches Öl in dünnem Strahl zugeben, weiter kräftig quirlen, bis die Masse fest wird. Knoblauch hineinpressen und gut unterrühren. Mit Salz und Pfeffer abschmecken.

Haltbarkeit: In einem verschlossenen Gefäß im Kühlschrank bis zu einer Woche.

Salsa

10	*Tomaten*	*1200 g*
1	*Zwiebel*	*50 g*
1	*Bund Petersilie*	*25 g*
1	*kleine Chilischote*	*10 g*
½ TL	*schwarzer Pfeffer, gestoß.*	*—*
	Salz	*—*

Die scharfe mexikanische Tomatensoße schmeckt gut zu Hackfleisch, Käse oder Wurst, sowie zu gekochten oder gebratenen Eiern.

NÄHRWERTE	Kcal.	Fett/g	Prot./g	Kh./g	BE
Gesamt	234	3	13	36	3,0
2 Port. à	117	1	7	18	1,5
3 Port. à	78	1	4	12	1,0
4 Port. à	58	1	3	9	0,8

Tomaten in kleine Stücke schneiden und in eine Schale geben. Zwiebel und Petersilie fein hacken und mit den Tomaten verrühren. Pfeffer zugeben und mit Salz abschmecken. Chilischote entstielen und entkernen, in ganz feine Würfel schneiden. Chilistückchen nach und nach in das Salsa einrühren und abschmecken, bis gewünschte Schärfe erreicht ist. Wer es würziger mag, kann auch Koriander oder Knoblauch zufügen.

Haltbarkeit: In einem verschlossenen Gefäß im Kühlschrank bis zu einer Woche.

Paßt hervorragend zu Spargel, Blumenkohl und anderen Gemüsen; ebenso zu Fisch und Meeresfrüchten.

Sauce Hollandaise

¼ Pfd.	*Butter*	*125 g*
3	*Eigelbe*	*60 g*
3 EL	*trockener Weißwein*	*30 ml*
1	*Spritzer Zitronensaft*	*—*
	Salz und Pfeffer	*—*

NÄHRWERTE	Kcal.	Fett/g	Prot./g	Kh./g	BE
Gesamt	1172	123	11	1	0,1
2 Port. à	586	62	5	0	0,0
3 Port. à	391	41	4	0	0,0
4 Port. à	293	31	3	0	0,0

Die Soße gelingt am besten im Wasserbad. Sie muß zwar erhitzt werden, darf aber nicht kochen, sonst gerinnt das Eigelb. Dafür Wasser in einem großen Topf zum Kochen bringen, dann Hitze reduzieren oder abschalten.

Gleichzeitig die Butter in einem Topf erhitzen. Den Schaum abschöpfen, der sich bildet, wenn die Butter schmilzt; gebraucht wird nur das reine Butterfett. Butter dann vom Herd nehmen.

Die Eigelbe (das Eiweiß wird nicht gebraucht) mit Weißwein in einer Schüssel verrühren, dann ins Wasserbad setzen (das Wasser darf nicht mehr kochen). Die Ei-Masse mit einem Schneebesen schlagen, bis sie cremig wird und Schaum bildet. Jetzt die geklärte, noch flüssige Butter in kleinen Mengen zufügen und unterrühren. Vorgang so lange wiederholen, bis die gesamte Butter untergerührt ist.

Zitronensaft einrühren und mit Salz und Pfeffer abschmecken, sofort servieren.

Haltbarkeit: Im verschlossenen Behälter im Kühlschrank bis zum nächsten Tag, dann nicht mehr verwenden.

Paprika-Dip

6	*Paprika (4 rote, 2 gelbe)*	*960 g*
2	*Knoblauchzehen*	*10 g*
3 EL	*Olivenöl*	*30 ml*
1	*Becher Crème fraîche*	*150 g*
1 TL	*Chilipulver*	*—*
½ TL	*Cayennepfeffer*	*—*
	Salz	*—*

Paßt zu Gemüse (vor allem Gemüsesticks wie Karotten, Sellerie etc.) aber auch zu Käse, Wurst und Eiern, oder als Beilage zu Fleischgerichten.

NÄHRWERTE	Kcal.	Fett/g	Prot./g	Kh./g	BE
Gesamt	916	77	14	36	3,0
2 Port. à	458	39	7	18	1,5
3 Port. à	305	26	5	12	1,0
4 Port. à	229	19	4	9	0,7

Paprika waschen und abreiben. Zwei rote Schoten sollen als Behälter für den Paprika-Dip dienen, daher vorsichtig oben abschneiden und die Kerne mit einem Löffel herauskratzen. Die anderen Schoten vierteln, Stengel und Kerne entfernen. Knoblauch fein hacken.

Backofen auf höchste Stufe vorheizen. Die geviertelten Paprika auf einem Backblech im Backofen garen. Häufiger wenden, bis die Haut Blasen wirft und schwarz wird. Herausnehmen und für 5 Minuten in eine Papiertüte einrollen (oder in einen zu verschließenden Tupperware-Behälter legen, die Schoten müssen im eigenen Dampf liegen). Danach sollte sich die Haut gut abziehen lassen.

Das Enthäuten der Paprikaschoten kann auch in der Mikrowelle geschehen: Einfach die Hälften in der Mikrowelle drei Minuten auf höchster Stufe erhitzen. Die Haut läßt sich dann leicht abziehen.

Die enthäuteten Paprikastücke in den Mixer geben und mit Olivenöl, Crème fraîche, Knoblauch und Chili pürieren. Mit Salz und Pfeffer abschmecken und zum Servieren in die vorbereiteten, roten Paprikaschoten füllen.

Haltbarkeit: In einem verschlossenen Gefäß im Kühlschrank einige Tage.

Die mexikanische Avocado-Creme schmeckt gut zu Eiern, Käse oder als Beilage zu Fleischgerichten.

Guacamole

3	reife Avocados	*360 g
1	Becher Crème fraîche	150 g
1	Zwiebel	50 g
1	Knoblauchzehe	5 g
1 TL	Zitronensaft	—
½ TL	Cayennepfeffer	—
½ TL	schwarzer Pfeffer, gestoß.	—
	Salz	—

*Fruchtfleisch

NÄHRWERTE	Kcal.	Fett/g	Prot./g	Kh./g	BE
Gesamt	1266	130	11	10	0,9
2 Port. à	633	65	6	5	0,4
3 Port. à	422	43	4	3	0,3
4 Port. à	317	32	3	3	0,2

Zwiebel und Knoblauch fein hacken. Avocados entkernen, Fruchtfleisch mit einem kleinen Löffel aus der Schale lösen und mit Zwiebel, Knoblauch und Zitronensaft im Mixer pürieren. Crème fraîche und Pfeffer zugeben, gut vermischen und mit Salz abschmecken.

Die Guacamole wird fruchtiger, wenn weniger Crème fraîche und mehr Zitronensaft verwendet wird. Eine weitere Variante wäre der Verzicht auf Crème fraîche, dafür die Zugabe von einer gehackten Tomate, 3 EL Olivenöl, sowie von 2 TL Koriander. Bio-Avocados sind zwar teurer und meist kleiner, schmecken aber deutlich besser als Massenware. Auch Crème fraîche gibt es (wohlschmeckender) in Bio-Qualität.

Haltbarkeit: In einem verschlossenen Gefäß im Kühlschrank einige Tage.

Zwiebelbutter

Großartig zu gegrilltem Fleisch, aber auch zu einer kalten Platte mit Wurst und Käse.

¼ Pfd.	*Butter*	*125 g*
4	*Schalotten*	*180 g*
1½	*Glas Rotwein*	*300 ml*
3 EL	*Essig*	*30 ml*
3 TL	*grüner Pfeffer, eingelegt*	*—*
1 TL	*Thymian*	*—*
	Salz und Pfeffer	*—*

NÄHRWERTE	Kcal.	Fett/g	Prot./g	Kh./g	BE
Gesamt	1224	104	4	14	1,1
2 Port. à	612	52	2	7	0,6
3 Port. à	408	35	1	5	0,4
4 Port. à	306	26	1	3	0,3

Schalotten fein hacken und mit Rotwein und Essig in einen Topf geben. Die Flüssigkeit bei kleiner Hitze völlig einkochen lassen.

Die Butter sollte Raumtemperatur haben; in kleine Stücke schneiden und mit dem Kochlöffel in einer Schüssel weich rühren. Grünen Pfeffer mit einem Küchentuch sorgfältig trockentupfen und an die Butter geben, ebenso die abgekühlten Schalotten. Etwas salzen und solange rühren, bis eine cremige Masse entsteht. Eine Rolle daraus formen, in Alufolie wickeln und in den Kühlschrank legen. Zum Servieren herausnehmen und Scheiben davon abschneiden.

Ohne grünen Pfeffer, dafür mit Weißwein und zwei Knoblauchzehen wird eine Knoblauchbutter daraus.

Haltbarkeit: Im Kühlschrank bis zu einer Woche.

Mayonnaise

1	Glas Olivenöl	200 ml
1	Eigelb (Zimmertemperatur)	20 g
1 TL	Dijon-Senf	10 g
	Salz und Pfeffer	—

Paßt zu gebratenem und gegrilltem Fleisch, Fisch und Geflügel (auch kalt serviert). Ebenfalls gut zu Wurst, Eiern und Salaten aller Art.

NÄHRWERTE	Kcal.	Fett/g	Prot./g	Kh./g	BE
Gesamt	1881	207	4	1	0,0
2 Port. à	940	104	2	0	0,0
3 Port. à	627	69	1	0	0,0
4 Port. à	470	52	1	0	0,0

Senf in einer Tasse mit zwei Eßlöffeln Öl gründlich verrühren, bis eine cremige Masse entsteht. Diese Senfmasse in den Mixer geben. Das Ei aufschlagen, Eigelb und Eiweiß trennen. Das Eigelb zur Senfmasse in den Mixer geben. Mixer auf niedriger Stufe anstellen und durch den Deckel das restliche Öl in kleinen Mengen nach und nach zugeben, bis die Masse ganz fest wird (Mayonnaise läßt sich auch mit einem Handrührstab zubereiten).

Es empfiehlt sich ein gutes mildes Olivenöl (einen Teelöffel probieren: Wenn das Öl bitter schmeckt, wird auch die Mayonnaise bitter). Das Öl sollte auch nicht zu warm sein (etwa 10 Grad), dann verbindet es sich besser mit dem Eigelb. Wichtig ist es, das Öl ganz langsam zuzugeben und aufzuhören, bevor die Mayonnaise gerinnt.

Auch als Kräuter- oder Curry-Mayonnaise denkbar: Gehackte Kräuter unterrühren (Petersilie, Basilikum etc.), bzw. einen Löffel Currypulver. Oder zu gleichen Teilen mit Oliven- und frischem Leinöl zubereitet, als Omega-3-Mayonnaise (das schmeckt wegen der großen Menge Leinöl allerdings gewöhnungsbedürftig).

Haltbarkeit: In einem verschlossenen Gefäß im Kühlschrank bis zu einer Woche.

Sauce Béarnaise

Die Königin der Soßen paßt zu gebratenem und gegrilltem Fleisch und Fisch.

¼ Pfd.	*Butter*	*125 g*
3	*Schalotten*	*135 g*
3	*Eigelbe*	*60 g*
3 EL	*Essig*	*30 ml*
3 EL	*trockener Weißwein*	*30 ml*
2 TL	*Estragon*	—
1 TL	*Kerbel*	—
1 TL	*schwarzer Pfeffer, gestoß.*	—
1	*Spritzer Zitronensaft*	—
	Salz	—

NÄHRWERTE	Kcal.	Fett/g	Prot./g	Kh./g	BE
Gesamt	1207	123	13	6	0,5
2 Port. à	604	62	6	3	0,2
3 Port. à	402	41	4	2	0,2
4 Port. à	302	31	3	1	0,1

Die Sauce Béarnaise darf nicht kochen, sonst gerinnt die Masse. Butter in kleine Stücke schneiden. Die Eigelbe mit einem Eßlöffel kaltem Wasser verrühren.

Schalotten fein hacken und mit Weißwein, Essig, Pfeffer sowie die Hälfte des Estragons in einem kleinen Topf erhitzen. Unter häufigem Rühren bei kleiner Hitze soweit einkochen, bis die Flüssigkeit fast völlig verdampft ist.

Topf vom Herd nehmen, die Ei-Masse zugeben und verquirlen, bis die Masse cremig wird. Bei kleiner Flamme Stück für Stück die Butter zugeben. Jedes Stück sorgfältig unterrühren, bevor das nächste zugegeben wird. Darauf achten, daß die Soße nicht kocht (immer wieder kurz von der heißen Kochplatte nehmen), am Ende muß die Soße ganz fest werden, etwa wie Mayonnaise.

Zuletzt Kerbel und Estragon unterrühren, mit Salz abschmecken.

Haltbarkeit: Im verschlossenen Behälter im Kühlschrank bis zum nächsten Tag, dann nicht mehr verwenden.

Diese Buttersoße harmoniert perfekt mit gekochtem und gebratenem Fisch.

Buttersoße

¼ Pfd.	*Butter (Zimmertemperatur)*	*125 g*
4	*Schalotten*	*180 g*
1	*Glas trock. Weißwein*	*200 ml*
2 EL	*Essig*	*20 ml*
½ TL	*weißer Pfeffer*	*—*
	Salz	*—*

NÄHRWERTE	Kcal.	Fett/g	Prot./g	Kh./g	BE
Gesamt	1124	104	4	11	0,9
2 Port. à	562	52	2	6	0,5
3 Port. à	375	35	1	4	0,3
4 Port. à	281	26	1	3	0,2

Die Butter in einer Schüssel mit dem Holzlöffel cremig rühren. Schalotten fein hacken und mit Weißwein, Essig und Pfeffer in einem kleinen Topf erhitzen. Unter häufigem Rühren bei kleiner Hitze soweit einkochen, bis die Flüssigkeit fast völlig verdampft ist. Jetzt die Butter mit dem Schneebesen unterschlagen, bis eine feine Creme entsteht. Die Soße darf dabei nicht kochen; entweder auf ganz kleiner Flamme arbeiten oder den Topf vom Herd nehmen.

Sofort in eine vorgewärmte Soßenschale geben und servieren.

Haltbarkeit: Im verschlossenen Behälter im Kühlschrank einige Tage; beim erneuten Erhitzen nicht kochen lassen.

Remoulade

Paßt zu gerilltem und geräuchertem Fisch und Fleisch. Auch gut zu Wurst und Eiern.

¾	*Glas Olivenöl*	*150 ml*
2	*Eigelbe (Zimmertemperatur)*	*40 g*
1	*kleine Gewürzgurke*	*20 g*
1	*Bund Petersilie*	*25 g*
1	*Bund Schnittlauch*	*10 g*
1 TL	*Dijon-Senf*	*10 g*
1 TL	*Kapern*	*—*
½ TL	*Estragon*	*—*
½ TL	*Kerbel*	*—*

NÄHRWERTE	Kcal.	Fett/g	Prot./g	Kh./g	BE
Gesamt	1521	164	9	3	0,3
2 Port. à	760	82	4	2	0,1
3 Port. à	507	55	3	1	0,1
4 Port. à	380	41	2	1	0,1

Zunächst eine Mayonnaise anrühren: Senf in einer Tasse mit zwei Löffeln Öl gründlich verrühren, bis eine cremige Masse entsteht. Diese Senfmasse in den Mixer geben. Eier aufschlagen, Eigelb vom Eiweiß (wird nicht benötigt) trennen. Die Eigelbe zur Senfmasse in den Mixer geben. Mixer auf niedriger Stufe anstellen und durch den Deckel das restliche Öl in ganz kleinen Mengen nach und nach zugeben, bis die Masse ganz fest wird.

Gewürzgurke, Kapern, Petersilie sowie Schnittlauch fein hacken und unter die Mayonnaise rühren. Estragon und Kerbel einrühren, mit Salz abschmecken und servieren.

Haltbarkeit: In einem verschlossenen Gefäß im Kühlschrank bis zu einer Woche.

QUELLEN

1. Arndt, K., Korte, S.: Die Anabole Diät – ketogene Ernährung für Bodybuilder. Novagenics Verlag, Arnsberg 1997
2. DiPasquale, M.: The Anabolic Diet. Optimum Training Systems, 1995
3. Atkins, R.C.: Diät-Revolution. Fischer Taschenbuch Verlag, Frankfurt 2001
4. Sears, B.: The Zone Diet. Harper Collins, New York 1999
5. Eades, M.R.; Eades, M.D.: Protein Power. Bantam Books, New York 1996
6. Lutz, W.: Leben ohne Brot – die wissenschaftlichen Grundlagen der kohlenhydratarmen Ernährung. 14. Auflage, Informed GmbH, Gräfelfing 1998
7. Audette, R.: Neanderthin. St. Martin's Press, New York 2000
8. Paulson, G.W.: The Story of Salisbury and the Salisbury Steak. The Historian's Notebook, Vol. 3, Nr. 3, Sommer 2000. Columbus, Ohio, USA
9. Palsson, G (ed.): Writing on Ice – The Ethnographic Notebooks of Vilhjalmur Stefansson. Dartmouth College, University Press of New England 2001
10. ha: Milliardenkosten durch falsche Ernährung – Diäten machen Deutsche immer dicker. Hamburger Abendblatt, 26.02.2001
11. Nach Erlanger Schlaganfall Projekt, in: Ohne Verfasser: Einweihung der „Forschungsunit Schlaganfall, Epidemiologie und Public Health". Pressestelle Universität Erlangen, Mediendienst Aktuell Nr. 1756 vom 23.11.1998
12. Petzoldt, R.: Nicht nur „ein bißchen dick...". Diabetes Journal 08/97

13. Gesundheitsbericht für Deutschland 1998, herausgegeben vom Statistischen Bundesamt

14. Pohl, M.: Mit Diabetes Leben lernen. Ostsee Zeitung, 20.02.2001

15. Roberts, M.: „Man the Hunter" returns at Boxgrove. British Archaeology, Nr. 18, Oktober 1996

16. Eaton, S.B.; Eaton S.B.: Evolution, Diet and Health. Abteilung für Anthropologie und Radiologie, Emory Universität, Atlanta, Georgia

17. Cordain, L.: The Paleo Diet. John Wiley & Sons, New York 2002

18. Nicholson, W.: Update on fat consumption in pre-agricultural and hunter-gatherer diets. Veröffentlicht unter: http://www.beyondveg.com/nicholson-w/hb/hb-interview1f.shtml#fat in evo diet

19. Lewis, J.: Hunters in the cold. British Archaeology, Nr. 55, Oktober 2000

20. Price, W.A.: Nutrition and Physical Degeneration. Erstauflage USA 1939; in 14. Auflage 1997 veröffentlicht von The Price-Pottenger Nutrition Foundation, Inc., La Mesa, Kalifornien

21. Stefansson, V.: Adventures in Diet, Part 2. Harper's Monthly Magazine, Dezember, New York 1935. Veröffentlicht unter: http://www.biblelife.org/stefansson2.htm

22. Cordain, L.; Miller, J.B.; Eaton, S.B.; Mann, N.; Holt, S.H.; Speth, J.D.: Plant-animal subsistence ratios and macronutrient energy estimations in worldwide hunter-gatherer diets. Am J Clin Nutr (2000) 71(3): 682-692

23. Reuss, F.: Fortschritt, Rückschritt, Lehren – was die moderne Zivilisation von der Steinzeiternährung lernen kann. BioPress 27/2001

24. Steele, J.: „Eco-noble savages" who never were. British Archaeology, Nr. 12, März 1996

25. Cordain, L.: Cereal Grains: Humanity's Double-Egded Sword. World Review of Nutrition and Dietetics, Vol. 84: Evolutionary Aspects of Nutrition and Health. Karger AG 1999, Schweiz

26. Richards, M.: „First farmers" with no taste for grain. British Archaeology, Nr. 12, März 1996

27. Rowley-Conwy, P.: In sorrow shalt thou eat all thy days. British Archaeology, Nr. 21, Februar 1997

28. Diamond, J.: Guns, Germs, and Steel: The Fates of Human Societies. W.W. Norton & Company, New York 1999

29. Cordain, L. et al: Modulation of immune function by dietary lectins in rheumatoid arthritis. British Journal of Nutrition (2000) 83: 207-217

30. Toohey, L.; Smith, M.: Food toxins, molecular mimicry, leaky gut and the MS connection. Veröffentlicht unter: http://www.positivehealth.com/permit/Articles/Nutrition/toohey18.htm

31. (ers): Ob Sprue oder Zöliakie, die Symptome sind uncharakteristisch. Ärzte Zeitung, 28.09.2000

32. Abbildung entnommen: Mäki, M.; Collin, P.; Visakorpi, J.K.: Coeliac Disease. Proceedings of the Seventh International Symposium on Coeliac Disease. Tampere, Finnland, 5.-7. September 1996

33. Hadjivassiliou, M.: Gluten sensivity: time to move from gut to brain. ANCR Vol. 2, Nr. 6, Jan./Feb. 2003

34. (eis): Gluten-freie Kost stoppt Durchfall bei HIV-Infektion. Ärzte Zeitung, 11.02.2000

35. Greco, L.: Why Are So Many Intolerant To Gluten? Universität von Neapel, Abt. Pädiatrie. 30.06.1995; veröffentlicht unter: http://www.celiac.com/history.html

36. Pengiran Tengah, C.; Wills, A.: Neurological associations of coeliac disease. ACNR, Vol. 2, Nr. 3, Juli/August 2002

37. Enig, M.; Fallon, S.: The Oiling of America. Nexus Magazine Vol. 6, Nr. 1, Dezember 1998/Januar 1999, Mapleton, Australien. Veröffentlicht unter: http://www.nexus magazine.com//OilingAmerica.1.html

38. Ray Peat's Newsletter „Toxidity of Unsaturated Oils", Autor Raymond Peat, Ph.D., Internationale Universität Coeneo, Michoacan, Mexico. Veröffentlicht unter: http: //www.efn.org/~raypeat/nutri.htm

39. Newbold, H.L.: Reducing the serum cholesterol level with a diet high in animal fat. South Med J (1988) 81(1): 61-63

40. Stefansson, V.: Adventures in Diet, Part 1. Harper's Monthly Magazine, November, New York 1935. Veröffentlicht unter: http://www.biblelife.org/stefansson1.htm

41. Stefansson, V.: Adventures in Diet, Part 3. Harper's Monthly Magazine, January, New York 1936. Veröffentlicht unter: http://www.biblelife.org/stefansson3.htm

42. Ravnskov, U.: The Cholesterol Myth. Zuvor veröffentlicht unter: http://home2. swipnet.se/~w-25775/myth2.htm. Später als Buch erschienen, deutsche Ausgabe: Ravnskov, U.; Pollmer, U.: Mythos Cholesterin: Die zehn größten Irrtümer. Hirzel-Verlag, Stuttgart 2002

43. Der amerikanische Schriftssteller Upton Sinclair beschrieb in seinem 1906 erschienen Buch „The Jungle" (Der Dschungel), die Zustände in den Schlachthöfen Chicagos. Damals war die Stadt das Zentrum der US-Fleisch-Industrie; aus dem ganzen Land wurden die Rinder hergebracht, um in Chicago geschlachtet und verarbeitet zu werden.

44. Ray Peat's Newsletter „Coconut Oil", Autor Raymond Peat, Ph.D., Internationale Universität Coeneo, Michoacan, Mexico. Veröffentlicht unter: http://www.efn.org/ ~raypeat/nutri.htm

45. Byrnes, S.: I've Got A Lovely Bunch of Coconuts—Coconut Holds Promise for Immune Suppressed People. A & U Magazine, Dezember 2000 und and Well-Being Magazine, Juni 2001. Veröffentlicht unter: http://www.powerhealth.net/article coconut.htm

46. Enig, M.G.: A New Look At Coconut Oil. The Weston A Price Foundation. Veröffentlicht unter: http://www.westonaprice.org/know_your_fats/coconut_oil.html

47. Pond, C.M.: The Fats of Life. Cambridge University Press, Cambridge 1998

48. Schmidt, M.A.: Smart Fats. How Dietary Fats and Oils Affect Mental, Physical And Emotional Intelligence. Frog Ltd., Berkeley, Kalifornien 1997

49. Worm, N.: Täglich Fleisch – auch der Mensch braucht artgerechte Ernährung. Hallwag Verlag, München 2001

50. Simopoulos, A.P.: Essential Fatty Acids In Health And Chronic Disease. Am J Clin Nutr (1999) 7(suppl): 560-569

51. Jensen, C.L.; Maude, M.; Anderson, R.E.; Heird, W.C.: Effect of docosahexaenoic acid supplementation of lactating women on the fatty acid composition of breast milk lipids and maternal and infant plasma phospholipids. Am J Clin Nutr (2000) 71(Suppl): 292-299

52. Singer, P.: Was sind, wie wirken Omega-3 Fettsäuren? 3. Auflage, Umschau-Zeitschriften Verlag Breidenstein, Frankfurt 2000

53. Cook, Marc E.: Regulation of Eicosanoid Pathways: A Pathway to Health and Development. Pakistan Journal of Nutrition (2002) 1(2): 103-105

54. Nürnberg, K.; Ender, K.: Weidehaltung und Fleischqualität. Forschungsinstitut für die Biologie landwirtschaftlicher Nutztiere, Dummerstorf. Veröffentlicht vom Bundesministerium für Verbraucherschutz, Ernährung und Landwirtschaft unter: http://www.verbraucherministerium.de/forschungsreport/rep-so-01/weide.htm

55. Fischer, K.; Lindner, J.P.: Fütterung nach Richtlinien des ökologischen Landbaus und Fleischqualität beim Schwein. In: „Jahresbericht Fleisch 1998“, Institut für Fleischerzeugung und Vermarktung, Kulmbach

56. Flachowsky, G.: Tierernährung und Produktqualität. Bundesforschungsanstalt für Landwirtschaft (FAL), Braunschweig. Veröffentlicht vom Bundesministerium für Verbraucherschutz, Ernährung und Landwirtschaft unter: http://www.bml.de/forschungsreport/rep2-00/tier.htm

57. Ohne Verfasser: Omega-3 Fettsäuren – Vorkommen, Bedeutung Analyse. UBF Untersuchungs-, Beratungs-, Forschungslaboratorium GmbH, Altlandsberg 2000

58. Smith, G.C.; Morgan, J.B.; Sofos, J.N.; Tatum, J.D.: Supplemental Vitamin E in Beef Cattle Diets to Improve Shelf-life of Beef. Department of Animal Sciences, Colorado State University, Fort Collins, Colorado, USA.

59. Holman, R.T.: The Slow Discovery of the Importance of Omega-3 Essential Fatty Acids in Human Health. The Journal of Nutrition (1998) Vol. 128, Nr. 2: 427-433

60. Simopoulos, A.P.; Leaf, A.; Salem, N. Jr.: The Center for Genetics, Nutrition and Health, Washington, D.C.; Massachusetts General Hospital, Charlestown, Massachusetts; National Institute on Alcohol Abuse and Alcoholism, National Institutes of Health, Rockville, Maryland: Workshop on the Essentiality of and Recommended Dietary Intakes for Omega-6 and Omega-3 Fatty Acids. Issfal (International Society for the Study of Fatty Acids and Lipids) Devon, England, April 1999

61. Dhiman, T.R.: Role of diet on conjugated linoleic acid content of milk and meat. Department of Animal, Dairy and Veterinary Sciences, Utah State University, USA

62. Winkler, K.: Vorkommen und Charakterisierung konjugierter Fettsäure-Isomere in Lebensmitteln und humanen Gewebearten. Dissertation, Fachbereich Chemie der Universität Hamburg, Hamburg 2002

63. Grimm, H.U.: Aus Teufels Topf. Die neuen Risiken beim Essen. Knaur Verlag, München 2001

64. Niedersächsisches Landesgesundheitsamt: Informationen zu Infektionen mit EHEC-Bakterien, 04.04.2002, veröffentlicht unter: http://www.nlga.niedersachsen.de/infekt/mblatt.htm

65. Callaway, T.R.; Elder, R.O.; Keen, J.E.; Anderson, R.C.; Nisbet, D.J.: Forage feeding to reduce pre-harvest E.coli populations in cattle, a review. USDA/ARS-Southern Plains Agricultural Research Center, College Station, Texas & USDA/ARS-Meat Animal Research Center, Clay Center, Nebraska

66. Turpeinen, A.M.; Mutanen, M.; Aro, A.; Salminen, I.; Basu, S.; Palmquist, D.L.; Griinari, J.M.: Bioconversion of vaccenic acid to conjugated linoleic acid in humans. Am J Clin Nutr (2002) 76(3): 504-510

67. Enig, M.G.: Trans Fatty Acid Fact Sheet. Enig Associates, Inc., Silver Spring, Maryland 1995. Veröffentlicht unter: http://www.enig.com/trans.html

68. Vigilante, K.; Flynn, M.: Low Fat Lies, High Fat Frauds. Lifeline Press, Washington D.C. 1999

69. Proctor, R.N.: Blitzkrieg gegen den Krebs. Princeton University Press, New York 1999

70. Ohne Verfasser: Trans-Fettsäuren in Fertignahrung, nach: Henninger, M.; Ulberth, F.: Gehalt von *trans*-Fettsäuren in Fertignahrung. Z Ernährungswiss (1997) 36: Veröffentlicht in Nahrung und Verbrauch, Deutsche Gesellschaft für Ernährung, 9/1997

71. Jahreis, G.: *cis* und *trans* – ungesättigte Fettsäuren in der Ernährung. Arbeitskreis Süßwaren und Knabberartikel. Deutsche Süßwarenindustrie Förderungsgesellschaft mbH, Bonn. Veröffentlicht unter: http://www.suessefacts.de/download/wpd0302.pdf

72. Demmelmair, H.; Festl, B.; Wolfram, G.; Koletzko, B.: *trans* fatty acid contents in spreads and cold cuts usually consumed by children. Z. Ernährungswiss (1996) 35: 235-240

73. Ohne Verfasser: *trans*-Fettsäuren, nach Daten von: Fritsche, J.; Steinhart, H.: Trans fatty acid content in German margarines. Fett/Lipid (1997) 99: - Zitiert nach: Beratungspraxis 6/1998, Deutsche Gesellschaft für Ernährung. Veröffentlicht unter http://www.dge.de/Pages/navigation/fach_infos/bp0698.htm

74. Ohne Verfasser: *trans*-Fettsäuren. Beratungspraxis 6/1998, Deutsche Gesellschaft für Ernährung. Veröffentlicht unter http://www.dge.de/Pages/navigation/fach_infos/bp0698.htm

75. Duchaine, D.: BodyOpus. Xipe Press, Carson City, Nevada 1996

76. McDonald, L.: The Ketogenic Diet. Morris Publishing, Kearny, Nebraska 1998

77. DiPasquale, M. zum Thema Diabetes; Ergänzung des Buches „The Metabolic Diet“. Veröffentlicht unter: http://www.metabolicdiet.com/answers.htm #anabolicdietdiff

78. Informationszentrum Epilepsie, Bielefeld. Ketogene Diät – eine alte neue Therapie? Veröffentlicht unter: http://www.izepilepsie.de/cweb/design/home.icom?id=25

79. DiPasquale, M.: The Metabolic Diet. AllProTraining.com Books, Austin, Texas 2000

80. Souci, S.W.; Fachmann, W.; Kraut, H.: Die Zusammensetzung der Lebensmittel Nährwerttabellen. 6. Auflage, Medpharm Scientific Publishers, Stuttgart 2000

81. Elmadfa, I.; Aign, W.; Muskat, E.; Fritzsche, D.; Cremer, H.D.: Die große GU Nährwert Tabelle. Gräfe und Unzer Verlag, München.

82. Ernährunginformationssystem der Universität Hohenheim (online), Institut für Biologische Chemie und Ernährungswissenschaft. http://www.uni-hohenheim.de/%7Ewwwin140/info/impressum.htm

83. Der Ernährungsberater. CMG Computer Mensch Gesundheit, 93188 Pielenhofen

* * *